Ça va aller !

DU MÊME AUTEUR

Les Habits du dimanche,
Éditions du Rocher/Archimbaud, 1999, 2000

À pas d'oiseaux, chroniques, Éditions du Rocher/Archimbaud, 2000

Histoire (de dent de devant) de lapin
(illustrations de Christine Patry),
Somogy Éditions d'art/Archimbaud, 2000

Les Compliments, Éditions du Rocher/Archimbaud, 2003

Bien des choses (dessins de Pascal Rabaté), Futuropolis, 2009

Hyacinthe et Rose (peintures de Martin Jarrie),
Thierry Magnier, 2010. Prix Saint-Fiacre 2011

L'Air de rien, chroniques, Denoël/France Inter, 2011. Pocket, 2013

Raymond Devos. La Raison du plus fou, Le Cherche-Midi, 2012

La Vie des gens (peintures de Martin Jarrie),
Les Fourmis Rouges, 2013

La fin du monde est pour dimanche, Les Solitaires intempestifs, 2013

Je veux être futile à la France, chroniques,
Denoël/France Inter, 2013. Pocket, 2014

Je rigolerais qu'il pleuve, chroniques,
Denoël/France Inter, 2015. Pocket, 2017

Meuh ! (gravures de Christine Patry), Denoël, 2015

Portraits crachés (caricatures de Morchoisne), Glénat, 2015

Jamais la même chose, chroniques,
Denoël/France Inter, 2017. Pocket, 2018

C'est aujourd'hui que je vous aime, Éditions du Sonneur, 2018 ;
et avec Pascal Rabaté (dessinateur), Les Arènes, 2019

Je n'ai encore rien dit, chroniques,
Denoël/France Inter, 2019. Pocket, 2020

Dictionnaire amoureux de l'inutile,
avec Valentin Morel, Plon, 2020

Tous les marins sont des chanteurs,
avec Gérard Mordillat et Antoine Sahler, Calmann-Lévy, 2020

François Morel

Ça va aller !

Chroniques 2019-2021

DENOËL / France Inter

Réécoutez les chroniques de François Morel
en utilisant le flashcode ci-dessous :

À Juliette Hackius, première lectrice bienveillante de ces chroniques.

À Ariane Ascaride, Camille Chamoux, Olivier Saladin, Jacques Weber, qui m'ont quelquefois donné la réplique.

À Antoine Sahler et Pierre Lauth-Karson, qui m'ont quelquefois accompagné à l'accordéon, au piano, quand ce n'est pas à l'harmonica.

Aux enfants d'Haïti.

Avant-propos

Je suis d'accord avec vous : dire « Ça va aller ! » laisse entendre que ça ne va pas super fort. C'est ce qu'on répète à un enfant qui pleure, à l'ami dont on tient la main dans l'ambulance, à quelqu'un qui va faire le grand saut…

Douze ans que je tiens le crachoir sur France Inter, d'abord à 7 h 55, puis à 8 h 55. Eh oui, déjà ! Le temps passe…

Trois minutes pour raconter ce que je veux, en toute liberté. Ça tombe bien, je suis comme Garance dans *Les Enfants du paradis*, « j'adore ça, la liberté ». Elle me permet de parler d'un spectacle d'Édouard Baer et du personnel de l'hôpital de Flers dont un des membres a exprimé son découragement de la manière la plus radicale qui soit. Elle me permet d'évoquer les victimes civiles des guerres et Marie-Thérèse qui, dans le même dossier, réunit les articles concernant Xavier Dupont de Ligonnès et ceux qui me sont consacrés. Elle me permet d'admirer les feuilles qui tombent et aussi de me tromper.

Comme j'imagine que vous n'allez pas forcément lire ce livre dans sa chronologie, que vous allez le découvrir

« à la va-comme-je-te-pousse », au petit bonheur la chance, je vous demande une faveur : merci de lire la chronique datée du 26 février 2021, intitulée *Une connerie*, juste après avoir lu *L'esprit de meute* du 19 février 2021, car elle a une vocation réparatrice.

« Ça va aller ! », après tout, peut aussi vouloir dire que ça va aller. Ni plus ni moins. Qu'on va s'en sortir, qu'on va trouver des solutions, que tout n'est pas perdu.

Les élucubrations d'Édouard

30 août 2019

La rentrée 2019 ne se présente pas au mieux. La forêt brûle. Les nationalistes, partout, gagnent du terrain. Le réchauffement climatique devient affolant. Tout va mal. Le monde est en guerre, en Syrie, au Yémen, crise à Hongkong, guerre commerciale entre Pékin et Washington, guerre du vin entre Washington et Paris, guerre familiale chez les Moix. Qui a voulu tuer l'autre ? Qui était le bourreau ? Qui courait dans l'appartement en criant : « Je vais te saigner comme un goret ! » ? Le père ou le fils déguisé en martyr, tortionnaire de son frère ? On ne se prononce pas. On n'y était pas. Quand même, je serais Bernard Pivot, je donnerais le Goncourt à Alexandre Moix, pour faire chier son frère et rebondir le feuilleton.

Oui, partout, la violence, l'angoisse, le mal et puis, catastrophe des catastrophes, paroxysme du malheur, comble des calamités, la fin sur France Inter des « Lumières dans la nuit », le départ d'Édouard Baer de nos dimanches soir consolateurs avant le traumatisme violent de nos lundis matin.

Si le gouvernement avait vraiment du courage, il déciderait de manière solennelle et définitive la suppression concomitante des dimanches soir et des lundis matin, afin que cesse ce va-et-vient nocif entre le chaud et le froid, entre l'inquiétude et la désolation, cet aller-retour incessant entre la lumière et la nuit, le bonheur et le désespoir, l'éclair dominical du génie et les ténèbres du quotidien, la félicité rayonnante et l'accablement consternant des lundis matin, avec son cortège d'anxiétés, de détresses épouvantées.

Alors, pour ne pas succomber au désarroi ou à la dépression, le mieux est de prendre son courage à deux mains, mon cousin, de sortir de chez soi et d'aller applaudir justement, qui ça? mais Édouard Baer précisément, au théâtre Antoine, puisqu'il y présente *Les Élucubrations d'un homme soudain frappé par la grâce.*

Car, qu'on le veuille ou non, Édouard Baer a exactement ce qui s'appelle la grâce. Ce spectacle est celui qu'il a le plus travaillé, autant dire qu'il a dû passer au moins une demi-heure à l'écrire, trois jours à le répéter, mais, n'en déplaise aux laborieux, aux scrogneugneux, on n'y peut rien, y souffle un vent inouï de liberté, de plaisir, de joie intense, qui autorise tout, les folies les plus extravagantes et les hommages les plus tendres à ses artistes aimés, Rochefort, Brassens, Gary, et le public conquis, hilare, heureux, rigole de ses inventions, accompagne silencieusement l'évocation du père de l'artiste, n'en moufte pas une pendant le discours sobrement lu d'André Malraux à l'occasion de l'entrée de Jean Moulin au Panthéon, finalement ébloui d'être aussi respecté par un artiste inspiré, cultivé et formidablement drôle…

C'est à Paris, au théâtre Antoine jusqu'au 7 septembre, mais ça va se reprendre. Soyez vigilant. Dès que possible, foncez le voir.

On est sûr qu'Édouard ne sera jamais épinglé par Copy Comic. Son originalité saute aux yeux, sa singularité crève le cœur.

Le spectacle d'Édouard Baer ne ressemble à rien, et c'est le plus beau compliment qu'on puisse lui faire.

Hôpital de Flers : « Certainement vraisemblable »

6 septembre 2019

En juin dernier, j'avais reçu un courrier signé par un syndicat de l'hôpital de Flers, dans l'Orne, pour exposer les difficultés que rencontrait le personnel hospitalier. Je relève cette phrase : « Le climat social et les maltraitances s'aggravent dans notre hôpital, nous craignons beaucoup pour la santé physique et psychique de nos collègues. »

Le 22 août dernier, à l'hôpital de Flers, un cadre de santé s'est suicidé.

Le directeur de l'établissement a déclaré aussitôt : « Il y a une chose qui est certaine, c'est qu'il n'y a vraisemblablement pas de lien entre l'acte et le contexte actuel de l'hôpital. »

La phrase est curieuse, parce que, si une chose est certaine, ce n'est plus le moment d'évoquer sa vraisemblance. Si je suis si certain d'une chose, je suis au-delà de l'idée d'évoquer sa simple probabilité.

Si je dis par exemple : « Il y a une chose qui est certaine, c'est que je ne suis vraisemblablement pas un écureuil », c'est que je ne suis pas tout à fait sûr de ne pas être un écureuil. Sinon je dirais : « Il y a une chose qui est certaine, c'est que je ne suis pas un écureuil», et le directeur de l'hôpital de Flers aurait dit : «Il y a une chose qui est certaine, c'est qu'il n'y a pas de lien entre ce suicide et le contexte actuel de l'hôpital.»

Mais ce n'est pas ce qu'a dit le directeur de l'hôpital de Flers, il a dit : «Il y a une chose qui est certaine, c'est qu'il n'y a vraisemblablement pas de lien entre l'acte et le contexte actuel de l'hôpital», c'est que, même chez un monsieur qui a pour ordre de suivre les directives de l'agence régionale de santé de faire des économies sur tout, en supprimant des lits dans les services, en ne remplaçant pas le personnel manquant, il existe quand même au fond de son esprit, qui pourrait s'apparenter à une conscience, l'ombre d'un doute qui l'empêche de dire que ce suicide – qu'il dénomme «acte» comme si, en utilisant l'euphémisme, on rendait la violence moins visible – n'a rien à voir avec la politique générale de santé en France.

Pour avoir fréquenté récemment les hôpitaux en tant que visiteur, notamment l'hôpital de Flers, dans l'Orne, je rappellerai la lettre du syndicat reçu en juin dernier : «Le climat social et les maltraitances s'aggravent dans notre hôpital, nous craignons beaucoup pour la santé physique et psychique de nos collègues», et je me permettrai de corriger légèrement la phrase en ajoutant : «Nous craignons beaucoup pour la santé physique et psychique de nos collègues ainsi que pour celle des patients, des malades, qui ne peuvent pas bénéficier des soins auxquels ils ont droit, quand leur prise en charge est détériorée, quand les conditions de travail se dégradent, quand le climat social est si délétère.»

Le 22 août, à l'hôpital de Flers, un homme s'est tué sur son lieu de travail.

Il s'appelait Christophe, il était marié, il avait quatre enfants. Il y a une chose qui est vraisemblablement certaine, c'est que sa famille mérite la compassion de tous, nos pensées les plus solidaires et nos sentiments les plus révoltés.

Début de la délinquance

13 septembre 2019

Je vous parle d'un temps que les moins de… pfutt, ne peuvent pas connaître. Quand j'étais jeune, dès le mois de septembre, les mercredis et les samedis après-midi, en Normandie, je ramassais des pommes. Dans la ferme d'à côté, on était employé pour, je crois, soixante-dix centimes par barattée. L'inflation sous Pompidou étant forte, quelquefois, d'une année sur l'autre, on bénéficiait d'une augmentation de dix centimes. Ce n'était pas rien. Une barattée de pommes correspondait à cinquante kilos, soit deux paniers bien remplis, que nous allions déverser dans des grands sacs en plastique épais qui avaient contenu des granulés pour les bêtes et que le fermier gardait précautionneusement d'une année sur l'autre, en vue du ramassage des pommes. En fin de journée quelquefois, j'ose le dire cinquante ans après, parce que j'imagine qu'il y a prescription, nous allions directement remplir quelques sacs sur le tas de pommes déjà ramassées, afin d'augmenter un peu le salaire de la journée. Oui, c'était le début de la délinquance qui, en fin de journée, nous permettait d'atteindre la somme de neuf francs cinquante et d'acquérir au bout du compte, à force de pommes ramassées plus ou moins honnêtement, une tente de camping orange et bleue de la marque Trigano, d'une valeur d'un peu plus de trois cents francs, trente mille anciens francs, comme disaient mes parents, ce qui correspondait environ, selon un calcul approximatif, à quatre cent cinquante barattées, c'est à dire vingt-deux mille cinq cents kilos de pommes, qui allaient modestement participer à l'alcoolisation des populations locales sous l'emprise du cidre et du calvados.

Aujourd'hui, quand on est jeune, il est possible de gagner plus facilement de l'argent pour obtenir une tente de camping Trigano, même si je me doute que cet objet ne figure pas en très bonne place dans le palmarès des convoitises actuelles.

Parlons d'aujourd'hui.

Une petite annonce a été placardée sur des arrêts de bus de la ville de Vannes, dans le Morbihan. Une offre d'emploi qui pourrait sembler officielle, une offre d'emploi, barrée en rouge de la mention « Urgent », avec en haut, en gros caractères, « Vannes recherche activement… ». Et puis un texte que je vous lis :

« Dans le cadre du développement du trafic de drogue au bois de Kermesquel, nous recherchons rapidement dealer/guetteur. Placé à l'entrée du parc, vos principales missions seront :

— avertir le plus rapidement possible de l'arrivée de la police (nationale et municipale) ;

— accueillir les clients (100 à 200 personnes par jour) ;

— intimider les riverains et les dissuader de pénétrer dans le bois ;

— détériorer au maximum l'espace naturel avec vos détritus, emballages et papiers brûlés.

Vous êtes idéalement mineur, d'un naturel fainéant, vous aimez l'argent facile et vous n'avez pas peur de crier.

Salaire net d'impôts : deux cents euros par jour. Pour postuler, se faire connaître dans le parc. »

Le second degré serait-il devenu une arme politique, quand on a épuisé tous les autres recours ?

On imagine que les riverains qui ont placardé ces affichettes n'ont pas opté d'emblée pour cette action. On se doute qu'il y a eu des courriers envoyés aux autorités locales, peut-être des réponses vagues, et au bout du compte une situation inchangée, qui fait que les délinquants ont pris le pouvoir dans un quartier, sans que les autorités chargées de maintenir l'ordre n'aient pu changer la situation, qui fait que pas mal de mineurs du quartier trouveraient dérisoire de ramasser des pommes.

Dans les mois qui viennent, on peut imaginer des discussions interminables et un peu vaines sur la légalisation du cannabis, puisque le cannabis est en vente libre, notamment au bois de Kermesquel, et pourrit durablement la vie de ses riverains.

Pourquoi je parlais des pommes en début de chronique ? Parce que je me dis qu'être jeune aujourd'hui est devenu périlleux.

Comportements puérils

20 septembre 2019

Puisque les adultes avaient fait preuve, pendant des siècles, de paresse, d'inconséquence, d'insouciance, de maladresse, les enfants avaient décidé de reprendre le pouvoir et les choses en main.

C'est le climat qui avait tout déclenché. Dans la cour de récréation, on commençait une partie de chat perché, de gendarmes et de voleurs, de balle au prisonnier, et tout de suite on était interrompu par un cataclysme, une tornade, une canicule, un cyclone, un ouragan, une inondation, un glissement de terrain…

Les enfants sous le préau de l'école se réunirent en ligues, en syndicats, en coalitions et décidèrent calmement que ça ne pouvait plus durer.

Ils refusèrent de manger à la cantine scolaire les poulets qui n'avaient pas vécu en plein air, protestèrent contre l'élevage intensif, contre les conditions de vie des poussins se retrouvant dès le lendemain de leur naissance dans des hangars sans fenêtres et surpeuplés.

Certains enfants, contre toute attente, réclamèrent plus d'épinards, plus de brocolis et de choux de Bruxelles, se levèrent contre l'alimentation industrielle jugée trop grasse et trop sucrée, se liguèrent contre les frites surgelées.

De loin, derrière les grilles de l'école, les adultes regardaient ces enfants revendicatifs avec la plus grande stupéfaction.

Un enfant, tout de suite soutenu par les autres, prit encore la parole pour dire que, désormais, il refuserait d'être accompagné par ses parents dans des voitures individuelles et polluantes. Tous décidèrent qu'ils privilégieraient dorénavant le vélo et la marche à pied.

Un autre enfant fit un discours sur la société de consommation, qu'ils devaient combattre à leur niveau, en refusant notamment d'être les esclaves des marques.

« Nous sommes réduits à être les hommes-sandwichs des plus grands groupes capitalistes ! », s'insurgea un jeune militant.

« Les enfants-sandwichs », corrigea un autre.

Ils convinrent que désormais ils se rendraient dans des friperies, accepteraient de porter le chandail du grand frère, les bottines de leur grande sœur.

Au loin, certains adultes, à l'ouïe fine, n'en croyaient pas leurs oreilles, nettoyées désormais, sur l'injonction de leur progéniture, par des Cotons-Tiges recyclables, dont les fibres sont entièrement issues de l'agriculture biologique.

Derrière les grilles de l'école, quelques adultes trouvèrent à redire. D'abord, ils trouvèrent que certains enfants avaient un visage trop rébarbatif et que toute cette mobilisation n'était pas de leur âge. Un parent trouva que la queue-de-cheval d'une de ces jeunes filles n'était pas spécialement jolie…

Ils jugèrent que ces enfants en faisaient quand même un peu beaucoup. Mais eux-mêmes en avaient fait si peu…

Il était une fois un pays grand comme le monde, où les adultes avaient eu des comportements si puérils que les enfants, dont ce n'était pas la vocation, avaient une obligation de maturité.

Monsieur le Président, en 2019, 90 % des victimes d'armes explosives sont des civils

4 octobre 2019

Monsieur le Président, je vous fais une lettre que vous lirez peut-être si vous avez deux minutes. Je n'ai pas reçu de papiers militaires pour partir à la guerre, vu que je ne veux pas la faire. Comme dit l'autre, je ne suis pas sur terre pour tuer de pauvres gens.

Monsieur le Président, si je fais du Boris Vian, c'est que j'ai idée que je ne suis pas non plus sur terre pour me faire tuer comme un lapin de garenne en période de chasse.

Je vous dis ça, monsieur le Président, messieurs les Présidents, messieurs qu'on nomme grands, parce que, figurez-vous, dans le monde, toutes les vingt-quatre minutes, un civil est tué ou blessé par une bombe ou une arme explosive visant une zone urbaine.

« Moi, mon colon, celle que je préfère, c'est la guerre de 14-18 », chantait un autre pacifiste. Il faut dire que, pour le civil, la guerre est devenue de plus en plus menaçante. En 1914-1918, les civils représentaient 15 % des victimes ; en 1939-1945, 45 % des victimes. Aujourd'hui, en 2019, 90 % des victimes d'armes explosives sont des civils comme vous et moi, des gens qui n'ont pas eu envie de voir mourir leur père, partir leur frère et pleurer leurs enfants, des gens qui n'ont pas eu à refuser de faire la guerre, de donner leur sang, puisque la guerre est venue chez eux, à domicile, pour les emporter, des gens qui n'ont même pas pu choisir de devenir déserteurs, puisque la guerre s'est imposée à eux.

Ces chiffres, messieurs les Présidents, ce n'est pas moi qui les invente, c'est Handicap International qui les fournit, et justement c'est pour rendre hommage à tous ces milliers d'inconnus que Handicap International nous invite, nous simples citoyens, à nous mobiliser.

La tombe du Soldat inconnu fut inaugurée le 11 novembre 1920, au pied de l'Arc de Triomphe. Le 26 septembre 2019, place de la République à Paris, a été symboliquement inauguré le premier monument « au Civil inconnu ».

Au cours de la dernière décennie, à Alep, Raqqa, Mossoul, Sana'a, des villes martyres sont devenues des symboles du mépris de la vie des civils. Le monde s'est habitué à voir des combats au cœur des villes, des bombardements intensifs, des destructions d'écoles et d'hôpitaux, de maisons, d'immeubles, de salles des fêtes et de terrains de football, de dispensaires et de maternités. Des lieux de vie, insidieusement, sont devenus des lieux de mort.

Le civil et le militaire chantent ensemble des paroles écrites par l'éternel jeune homme que reste Boris Vian. Le civil et le militaire ont une mère qui a tant souffert et qui est dedans sa tombe et se moque des vers et se moque des bombes… On voudrait se moquer des bombes avant d'être dedans sa tombe.

Dès qu'on évoque l'horreur de la guerre, on se fait facilement accuser d'angélisme. Que voulez-vous ? La pluie, ça mouille. La guerre, ça tue. Mais ça sert à quoi la politique sinon à approcher des rêves ?

La pétition sur handicap-international.fr contre les bombardements des zones civiles est toujours d'actualité.

La Conférence de Vienne des 1er et 2 octobre a vu naître un projet de déclaration politique internationale contre l'usage des armes explosives en zones peuplées.

La France vient tout juste de rejoindre ce processus politique historique. On espère, monsieur le Président, que sa parole sera exigeante et forte.

Temps durs et montres molles

11 octobre 2019

Les montres de Dali sont molles, mais les temps sont durs. Comme moi, vous avez peut-être été bouleversé par cette agression racontée par *Le Parisien* et qui a eu lieu lundi soir, avenue de Friedland à Paris, près des Champs-Élysées.

Un homme d'affaires, qui séjournait à l'hôtel Napoléon, fumait devant l'établissement cinq étoiles. Il s'est alors fait agresser et voler sa montre. Une montre Richard Mille d'une valeur de huit cent mille euros.

La brigade de répression du banditisme est chargée de l'enquête. On parle beaucoup en ce moment du malaise de la police, on se dit que ça ne va pas s'arranger au moment où des fonctionnaires doivent s'occuper de récupérer une montre de huit cent mille euros. Imaginez le brigadier de répression du banditisme qui doit travailler sur l'affaire et réalise qu'en économisant un peu, c'est-à-dire en mettant intégralement de côté chacun de ses salaires pendant environ une trentaine d'années, il pourra sûrement un jour s'acheter le modèle Tourbillon Diamond Twister. Ça le fait rêver. Ça lui donne du cœur à l'ouvrage. Il se dit qu'il fait un beau métier, gardien de la paix sociale…

On pourrait sans doute reprocher à l'hôtel Napoléon de ne pas posséder un fumoir, ou au moins quelques chambres fumeurs, afin de permettre à ses riches clients de regarder l'heure en fumant une cigarette et de ne pas les contraindre à sortir par un soir d'octobre, même si l'air est doux, les températures s'échelonnant ce soir-là entre seize et dix-neuf degrés, un vent d'ouest soufflant légèrement à neuf kilomètres-heure, dans un quartier où, hélas, sévissent encore des pauvres.

Évidemment, l'agresseur a fait une mauvaise action en se procurant une montre de manière malhonnête, mais mettez-vous à sa place, imaginez le nombre de pauvres, de gilets jaunes qu'il aurait fallu agresser pour obtenir une somme pareille, imaginez le nombre de Swatch qu'il aurait fallu subtiliser pour atteindre huit cent mille euros. Le voleur apparemment a surtout cherché à contredire Alphonse Allais, qui disait : « Il faut prendre l'argent où il est, c'est-à-dire chez les pauvres. D'accord, ils n'en ont pas beaucoup, mais ils sont si nombreux. »

Si les pauvres étaient plus riches, si les riches étaient plus nombreux, peut-être la vie du voleur, qui sans doute tous les jours ne doit pas être une promenade de santé, s'en trouverait-elle améliorée.

« Les policiers de la PJ, nous dit *Le Parisien*, sont plutôt optimistes sur la résolution de l'affaire. » Le directeur du Napoléon va remettre les images de la vidéosurveillance. L'arracheur de montres a, par ailleurs, malencontreusement et maladroitement dans sa fuite perdu son téléphone portable, qui donnera à la police tout un tas de renseignements et de traces d'ADN.

Que l'arracheur de montres puisse goûter son plaisir. Pendant quelque temps, qu'il ait plus ou moins de cinquante ans, il pourra avoir l'impression, sa Richard Mille d'une valeur de plusieurs Rolex au poignet, d'avoir, dans ce monde idéalisé par Jacques Séguéla, réussi sa vie.

Le dossier de Ligonnès-Morel

18 octobre 2019

Afin de prendre le recul nécessaire, j'ai voulu laisser passer un peu de temps avant d'intervenir au sujet de l'affaire Dupont de Ligonnès, car la précipitation, dans ce domaine comme dans d'autres, ainsi que me le faisait remarquer un éjaculateur précoce, est de mauvais augure. Si je veux, ce matin, évoquer l'affaire Dupont de Ligonnès, c'est parce que c'est la première fois que je peux prendre publiquement la parole depuis le fiasco écossais de la semaine dernière, alors que je suis directement associé à ce fait divers, et ce depuis l'éclatement de l'affaire en avril 2011, quand je me suis retrouvé, à mon corps défendant, dans le même dossier.

Je vous sens intrigué et je vais vous livrer les explications. C'est une histoire de famille. Francis, le cousin de Louis, mon père, s'est marié en secondes noces avec Juliette, qui avait déjà un fils prénommé Michel. Michel s'est marié il y a un peu plus de cinquante ans avec Marie-Thérèse.

Marie-Thérèse, dans les premières années de sa vie professionnelle, a été bonne dans un château, celui de Varenne, situé à Champsecret, dans l'Orne, pas loin de Domfront et tout près de la maisonnette où ma grand-mère paternelle faisait office de garde-barrière, sur la ligne Caen-Laval, détruite dans les années soixante par des politiciens particulièrement visionnaires, qui ont décidé de supprimer les lignes de chemins de fer au profit de l'essence, de la bagnole, du transport routier et de chaussées toujours plus larges et toujours plus encombrées.

Mais ne nous égarons pas et revenons à ce qui apparaît comme une affaire dans l'affaire.

Marie-Thérèse, je la connais très bien, puisque son mari, Michel, est, ni plus ni moins, le fils de Juliette, l'épouse de Francis, qui était le cousin de Louis, mon père. Eh bien, figurez-vous que Marie-Thérèse, quand elle était bonne au château de Varenne, a gardé le jeune Xavier Dupont de Ligonnès et l'a même poussé dans son landau, lors de promenades agrestes dans le parc du château. Ça vous en bouche un coin ? C'est la vérité pure.

Ce qui fait que Marie-Thérèse, depuis avril 2011, a réuni tous les articles de journaux qui concernent la tuerie de Nantes et les a rassemblés dans un dossier alors déjà existant, puisqu'il contenait les articles me concernant. Comme dit Marie-Thérèse, « François ? Un peu que je le connais ! C'est le fils de Louis, le cousin de Francis, qui s'est marié avec Juliette, la maman de Michel, mon mari ! »

Dupont de Ligonnès et moi-même étant les deux people que connaît Marie-Thérèse, c'est naturellement qu'elle a réuni tous les articles de journaux et magazines qui traitaient de l'une ou l'autre de ces deux personnalités en vue qu'elle a pu rencontrer dans sa vie.

Dans les années quatre-vingt-dix, d'un point de vue médiatique, j'avais pris de l'avance par rapport à Xavier, vu que, même s'il n'était pas le dernier pour la rigolade, il n'a jamais intégré la troupe des Deschiens. L'honnêteté cependant m'oblige à concéder que, dès ce fameux mois d'avril 2011, Xavier m'a dépassé, puisqu'il a eu les honneurs de tous les quotidiens, de tous les magazines, notamment *Détective, Enquêtes criminelles, Dossiers criminels, Police Magazine*, et que depuis une semaine le dossier de Marie-Thérèse a encore nettement grossi, hélas à mon désavantage.

Sans vouloir polémiquer, ni tenter de me situer dans une quelconque compétition vis-à-vis du tueur supposé de Nantes, je signale que j'ai moi-même fait l'objet d'un article dans *Télé 7 Jeux*, ce qui n'est pas à la portée du premier assassin venu.

Concernant l'affaire proprement dite, j'ai naturellement tenté de glaner des renseignements de première main auprès de Marie-Thérèse. Elle m'a dit que Xavier était très mignon, très souriant, pas spécialement capricieux.

Ainsi que le disait Christian Mounier, un des directeurs de la Série Noire dans les années quatre-vingts, « Si les enfants naissaient adultes, il y en aurait vraisemblablement un peu moins. »

Astérix a soixante ans

25 octobre 2019

Astérix a soixante ans. C'est un jeune homme. Aujourd'hui, et mon expérience personnelle me le confirme, soixante ans, c'est quasiment à peine la fin de l'adolescence. Pour ma part, mes problèmes d'acné viennent à peine d'être résolus. Étant donné l'allongement de la durée de vie, les avancées de la science, les progrès médicaux, les nouvelles pratiques sociales, culturelles, sexuelles, soixante ans, c'est la pleine jeunesse. Soixante ans, c'est l'âge des prémisses, des débuts, des commencements. Ce n'est pas moi qui le dis, mais le fameux barde corse Tinorossix. *La vie commence à soixante ans.*

Astérix a donc soixante ans, puisqu'il apparaît dans le magazine *Pilote* (qui a fait mon éducation) pour la première fois le 29 octobre 1959. Obélix aurait le même âge que son compagnon, ce qui n'est pas tellement surprenant. Ce qui l'est plus, c'est que Panoramix a également soixante ans, puisqu'on le découvre dans la première histoire d'Astérix, *Astérix le Gaulois*. Alors qu'il fait quand même beaucoup plus vieux. En même temps, ça ne veut rien dire. Regardez Daniel Morin. Il est plus jeune que moi, on dirait mon père.

Idéfix, lui, est un peu plus jeune qu'Astérix et Obélix, vu

qu'il apparaît pour la première fois en 1963 dans *Le Tour de Gaule* : il n'aurait donc que cinquante-six ans, mais, étant donné que pour obtenir l'âge des chiens, il faut multiplier par sept, on peut dire qu'Idéfix a trois cent quatre-vingt-douze ans.

Plus curieux encore, Agecanonix, qu'on nous dit avoir quatre-vingt-treize ans et dont le nom en portugais est Decanonix, en italien Matusalemix et en anglais Geriatrix, n'aurait en fait que cinquante et un ans, puisqu'on fait sa connaissance en 1968, dans l'album *Astérix aux jeux Olympiques*.

Ils sont fous, ces Gaulois.

Lire Astérix permet de rester jeune. La preuve? Dans le quiz de *Libé* concernant le petit Gaulois, à la question « Comment s'appelle la femme d'Abraracourcix ? », une réponse proposée est « Grossepine ».

Moi, cette semaine, j'ai acheté le nouvel Astérix. C'est un rituel. C'est ma petite madeleine. Depuis une cinquantaine d'années, j'acquiers chaque nouvel album. Je me souviens que, dans les années soixante, il coûtait un peu plus de huit francs, aujourd'hui, il coûte un peu plus de huit euros. Ce qui fait que son prix s'est multiplié par un peu plus de six, comme mon âge.

Tintin, lui, a quatre-vingt-dix ans, ce qui fait que, depuis treize ans, il n'a même plus le droit de lire ses propres histoires.

Mais je ne voudrais pas conclure cette chronique anniversaire en hommage à Astérix et Obélix sans vous faire profiter encore de ce sommet de musix, paroles de Vline Bugix, chanson magix, rare sur le service publix, vu que jamais elle n'a réussix à intégrer de France Inter la playlix.

La vie commence à soixante ans.

Mettre la langue…

1er novembre 2019

« Mettre la langue dans le trou et puis, quand on crache, s'aider du poids de son corps. »

Le sport, j'en conviens, n'est pas ma spécialité. Ma chronique de la semaine n'en sera pas moins sportive.

« Mettre la langue dans le trou et puis, quand on crache, s'aider du poids de son corps. »

Je ne me lasserai jamais de dire cette phrase découverte dans *Ouest-France*, dont la lecture, parfois, est plus suggestive que celle de *Penthouse,* plus ensorcelante que celle de *Voluptuous.*

« Mettre la langue dans le trou et puis, quand on crache, s'aider du poids de son corps. »

Dans l'édition Bretagne du plus grand quotidien régional du 5 août 2019, on découvre les conseils sportifs de Stéphane Salomon, qui, pour la troisième fois, participe au Championnat du monde de cracher de bigorneau. « Il faut choisir un bigorneau ni trop gros, ni trop petit. » Le trop gros bigorneau présente une lourdeur dans l'atmosphère qui ralentit sa propulsion. Le trop petit bigorneau n'a pas une capacité suffisante pour fendre l'air.

En 2019, à Sibiril (commune du Finistère située non loin de Roscoff), force est de constater que la gloire du plus grand cracheur de bigorneau du monde, Alain Jourden, n'a pas été entachée. Son record du monde (onze mètres quatre, nous ne l'apprendrons à personne) reste indépassé. Le meilleur cracheur 2019 n'atteignit que les neuf mètres quatre-vingt-dix, la meilleure cracheuse que les sept mètres quatre-vingt-dix.

Alain Jourden aujourd'hui n'est plus. Souvenons-nous de lui. C'était le plus grand. Chaque année, depuis 2001, c'était lui le vainqueur, l'éternel victorieux, le sempiternel triomphateur. Nous ne résistons pas à nous souvenir, non sans émotion, de ses exploits passés… neuf mètres soixante-dix en 2002, dix mètres quarante en 2003, dix mètres onze en 2005, dix mètres quarante et un en 2006, jusqu'à ce jour fameux de l'été 2011 où il fit exploser son record, que nous rappelons avec admiration : onze mètres quatre.

Les vrais amateurs du cracher de bigorneau mesurent aussi la prouesse qui fut la sienne quand, en 2015, Alain Jourden réussit un lancer, certes de huit mètres quatre-vingts, mais par vent contraire.

À ce jour, aucun livre, aucune série, aucun film ne retrace l'odyssée sportive d'Alain Jourden. On rêverait d'un biopic sur l'exploit du Finistérien. Qui pour jouer le rôle d'Alain Jourden ? Jean Dujardin ? Fabrice Luchini ? Kev Adams ? Pourquoi pas Ryan Reynolds, Dwayne Johnson ou Robert Downey Jr. ? N'oublions pas que l'événement de Sibiril est international. Cette année encore, de nombreux Allemands et Anglais y ont participé.

Le film pourrait sobrement s'intituler « 11,04 ».

Certains esprits sinueux pourraient opter pour un titre moins concis : « Mettre la langue dans le trou et puis, quand on crache, s'aider du poids de son corps ».

Beigbederie

8 novembre 2019

Aujourd'hui, je vais vous faire une chronique un peu spéciale. Une beigbederie, c'est-à-dire une chronique écrite à la main, le matin même, sur le chemin qui va de chez moi jusqu'à la Maison de la radio. C'est une chronique automnale, une chronique de novembre rédigée sur la ligne C du RER…

Mais ce matin on m'indique : « RER C, UN CORPS A ÉTÉ DÉCOUVERT SUR LA VOIE A ENTRE PORTE DE CLICHY ET PEREIRE. LA CIRCULATION EST INTERROMPUE ENTRE PEREIRE ET PONTOISE. »

J'aurais tant à dire, tant à écrire. Mais c'est une chronique pour rien, pour dire qu'on est en vie, comme jadis on écrivait des lettres à ses proches, pour le maintien de la relation.

Un jeune poète, à la fin du mois d'octobre, vient d'avoir cent un ans. Il s'appelle René de Obaldia. Il va quelquefois à la brasserie Mollard, face à la gare Saint-Lazare. Il commande des huîtres et du vin blanc. Parfois, par hasard, une vieille dame le reconnaît et dit à son petit-fils : « Regarde le monsieur, là-bas, c'est un poète. Il s'appelle René de Obaldia, il a écrit :

“Le geai gélatineux geignait dans le jasmin.”
Voici, mes zinfints
Sans en avoir l’air
Le plus beau vers
De la langue française.
Ai eu ai in
Le geai gélatineux geignait dans le jasmin…
Le poite aurait pu dire
Tout à son aise :
“Le geai volumineux picorait des pois fins.”
Eh bien ! non, mes zinfints
Le poite qui a du génie
Jusque dans son délire
D’une main moite
A écrit :
“C’était l’heure divine où, sous le ciel gamin,
LE GEAI GÉLATINEUX GEIGNAIT DANS LE JASMIN.” »

Aujourd’hui, c’est une chronique pour rien, une chronique comme ça. Dans mon sac, j’ai le dernier Jonathan Coe, je vais essayer de le finir assez vite pour le prêter à Antoine. Je suis sûr que ça va beaucoup lui plaire. Aujourd’hui, c’est une chronique à la va-comme-je-te-pousse, une chronique la tête en l’air.

C’est amusant d’écrire à la main, ça ne m’arrive pas si souvent. Je passe trop de temps devant les écrans. Finalement, on n’est même pas obligé de posséder un ordinateur pour écrire une chronique. Trois minutes, le temps sur une ligne de métro d’aller d’une station à une autre.

Aujourd'hui, j'aurais pu attiser les polémiques, les énervements, les violences. Sur les réseaux sociaux, cette chronique ne se remarquera pas. Elle parlait d'un poète et d'un livre qu'on aura plaisir à ouvrir à nouveau dès que ce sera possible.

Un jour prochain, peut-être, sans doute, on parlera d'autres sujets, plus lourds. J'avais une chronique de l'autre côté de la page, je la dirai un autre jour, ou jamais. Le voile, la pédophilie ou le lynchage médiatique, la tristesse. Ce ne sont pas les sanglots qui manquent.

Bonne journée, les amis, bon vendredi.

En octobre prochain, un poète de cent deux ans ira fêter son anniversaire à la brasserie Mollard, face à Saint-Lazare. « Regarde, Timothée, dira la grand-mère à son petit-fils, le vieux monsieur là-bas, souriant et très chic, qui se ressert un verre de sancerre, c'est un poète. C'est lui qui a écrit peut-être le plus beau vers de la langue française : "Le geai gélatineux geignait dans le jasmin." »

Vas-y Poupou, vas-y Poupou !

15 novembre 2019

Vas-y Poupou ! Vas-y Poupou !

Le nombre de fois qu'il a dû entendre ça… Tout le temps. À longueur de coups de pédales, de Tours, de Grandes Boucles et de critériums, de Paris-Nice et de championnats, même sur le Milan-San Remo, même sur la Flèche wallonne et le Tour d'Espagne.

Vas-y Poupou ! Vas-y Poupou ! Même pour rien, même comme ça, pour rigoler, pour dire bonjour, quand il était en train de pousser son Caddie sur le parking du Carrefour Market de Saint-Léonard-de-Noblat.

Vas-y Poupou ! Et Poupou faisait un signe de la main. Merci les gars, merci pour la fidélité ! Une vie entière à être encouragé.

Vas-y Poupou ! Vas-y Poupou ! Par tous les temps, toutes les météos, sous le soleil qui frappe, la pluie qui tombe, la grêle qui transperce.

Vas-y Poupou ! Vas-y Poupou ! Sur toutes les étapes, celle des cinq cols entre Briançon et Aix-les-Bains, au sommet du Puy-de-Dôme, dans l'ascension du col d'Aspin et sur le Paris-Nice, l'ultime étape, Nice-col d'Èze, quand le vieux

Poupou de trente-six ans s'envole et relègue le jeune Belge de vingt-sept ans, Eddy Merckx, à vingt-deux secondes...

Vas-y Poupou! Vas-y Poupou! T'es le meilleur même quand t'es pas le meilleur. On parle de Merckx, mais bien sûr le complice concurrent, l'adversaire acolyte, le faux ami, le meilleur ennemi, c'est Anquetil, le flambeur, la Caravelle, le Chrono, le Maître, l'alter ego. L'époque était binaire. La gauche, la droite. De Gaulle-Mitterrand. Bourvil-Funès. Sheila-Sylvie Vartan. Roger Pierre et Jean-Marc Thibault. Poiret et Serrault. Antoine ou Johnny Hallyday. Les temps sont devenus plus confus.

Vas-y Poupou! Vas-y Poupou!

C'est ce qu'on criait, à côté de mon père le 2 novembre 1969, lors du critérium de la ville de Flers de l'Orne, et c'est encore Anquetil, le mal-aimé, qui avait gagné et Poupou, victorieux dans la défaite, qui était arrivé même pas second, mais troisième, juste derrière Raymond Delisle, qui était un peu la vedette de l'étape, vu qu'il était bas-normand, d'Ancteville dans la Manche, pas loin de Coutances, et qui en 2013 est mort pas loin de Saint-Lô, justement à Hébécrevon. Hébécrevon, c'est peut-être pas ce qui peut arriver de pire à un cycliste. Mais ça peut faire perdre de précieuses secondes... Hébécrevon, c'est peut-être pas ce qui peut arriver de pire à un homme, puisque faut bien y arriver.

Vas-y Poupou! Eh ben, il a fini par y aller, Poupou, comme les copains, comme tout le monde, comme Anquetil et Roger Pingeon, comme Gimondi et Luis Ocana, comme Louison Bobet et Fausto Coppi... Oui, il a bien fallu qu'il finisse par y aller, Poupou, au terminus des prétentieux et des modestes.

Vas-y Poupou !

Et il y est allé, Poupou, en prenant son temps, en musardant. « Qui aime bien ses lunettes ménage sa monture », comme disait Pierre Dac, une autre idole de papa.

Tiens, Poupou, plutôt qu'un Ave Maria, un Stabat Mater ou un chant grégorien, en guise de requiem, je t'offre du Yvette Horner, la grande Yvette qui monte sur le toit de la traction avant, aux couleurs de la réclame Suze. Elle s'est coiffée d'un sombrero et, rien que pour toi, mon Raymond, éternel Poupou, elle interprète un grand succès du musette…

Nous sommes les champions…

22 novembre 2019

Écoutez…

J'ai payé mes cotisations, heure après heure. (Ça, c'est une chose que je voulais vraiment vous dire.) J'ai fait ma sentence, mais commis aucun crime, et les mauvaises erreurs, j'en ai fait quelques-unes (je ne dis pas le contraire), j'ai eu ma part de sable lancé dans mon visage (comme on dit, comme on ne dit pas souvent), mais j'ai survécu. Nous sommes les champions et nous continuerons à nous battre jusqu'à la fin, nous sommes les champions, nous sommes les champions. Pas de temps à perdre pour RTL, puisque nous sommes les champions de France.

Oui, ambiance de folie à Radio France, de liesse, particulièrement à France Inter après les résultats formidables publiés par Médiamétrie ! Des audiences record ! Six millions quatre cent mille auditeurs chaque jour ! Record historique ! RTL relégué à la deuxième place. France Inter, première radio hexagonale ! Joie ! Allégresse ! Enchantement ! Fierté ! Plaisir ! Exaltation ! C'est une récompense merveilleuse pour toutes les équipes ! Bravo ! Merci ! C'est la victoire de la culture joyeuse, de l'excellence rieuse, de l'élitisme jovial et surtout de la modestie !

Ainsi que l'a dit Laurence Bloch, « On leur a bien niqué leur race à RTL ! »

Comment fêter ces résultats de manière significative ? Il fallait trouver des idées originales. La direction n'a pas ménagé ses efforts pour répondre à ce succès de manière inédite. Comment mieux exprimer un merci qu'en remerciant une partie du personnel ? C'est ainsi que, durant les trois prochaines années, deux cent quatre-vingt-dix-neuf personnes se verront offrir des vacances illimitées ! Elles l'ont bien mérité !

Et, à partir de lundi 25 novembre, afin de fêter ces merveilleux résultats, une antenne entièrement consacrée à la musique ! Des playlists en continu ! Des grands succès, des découvertes. Une autre façon d'inventer la radio, en évitant de tomber dans les pièges du bavardage et du discours.

De temps en temps, une voix bien posée, assurée, sera là pour rappeler que la radio, cependant, ne doit pas être simplement un robinet à musique.

« France Inter n'est pas aujourd'hui en mesure de diffuser l'intégralité de ses programmes en raison d'un appel à la grève. »

Il faut convenir que cette façon de faire a déjà été expérimentée plusieurs fois dans le passé et a donc fait ses preuves.

Dès lundi, et peut-être pour une beaucoup plus longue période, toute une partie du personnel pourra commencer l'apprentissage du mélodica.

Vive Pompidou !

6 décembre 2019

Vive Pompidou !

Le seul président qui aura vraiment fait quelque chose pour les retraites en France, c'est Pompidou. Vous me direz, Mitterrand, en son temps, a promulgué la retraite à soixante ans. C'est vrai, mais l'avancée sociale, au fur et à mesure des années, a reculé, alors que Pompidou, lui, il a su donner l'exemple. Voilà un garçon qui a cotisé toute sa vie en étant professeur, directeur général de banque, haut fonctionnaire, Premier ministre, président de la République, et qui est mort en plein mandat présidentiel, à soixante-deux ans, sans jamais toucher un seul centime de sa pension de retraite.

Bravo Pompidou. Merci Pompidou.

Tâchons, dans la mesure du possible et afin d'assainir les caisses de l'État, de mourir tôt. Travaillons toute la vie, puis mourons avant d'envisager ces années superflues consacrées à la lecture, au jardinage, aux voyages, si on a de la chance, à la garde des petits enfants et à « Questions pour un champion ». C'est un petit effort civique auquel il faut penser.

Je ne veux pas faire de comparatif, mais enfin, Valéry Giscard d'Estaing… Le plus jeune président de la République est devenu le plus vieux pensionné de France, en profitant des régimes spéciaux de la SNCF, puisqu'en 1981 il a bénéficié de la retraite à cinquante-cinq ans, alors que son emploi, sauf avis contraire, ne présentait pas spécialement une grande pénibilité…

Bien sûr, on souhaite encore longue vie à monsieur Giscard d'Estaing, mais on doit aussi rendre hommage, par exemple, aux célibataires qui ont régulièrement cotisé pendant quarante ans et qui meurent à soixante, sans obliger l'État à verser la moindre pension de réversion, c'est quand même sympa.

Afin de profiter au maximum d'une retraite raccourcie, Netflix envisage de mettre en place la fonctionnalité « speed watching », pour visionner les films et les séries en accéléré.

Il existe beaucoup de films stupides, d'émissions idiotes, de séries indigentes, les regarder trois ou quatre fois plus vite permettrait peut-être d'atteindre la bêtise en un temps record et ainsi de ne pas trop réfléchir au modèle de société qu'on nous prépare.

Moi, j'aime autant dire mes conneries à mon rythme.

Comme dit mon amie Juliette : « La vie est trop courte pour aller vite. »

La retraite, pas l'arthrite

20 décembre 2019

Reconnaissons-le. Si des efforts ont été faits, des efforts restent à faire.

(Je suis assez content de cette phrase d'introduction, parce qu'elle est très facilement réutilisable pour les sujets les plus divers et que, par ailleurs, elle est assez peu clivante.)

Oui, des efforts ont été faits, des efforts restent à faire, et peu d'auditeurs, parmi les plus agacés par les humoristes gauchos bobos de France Inter, trouveront à redire à cet habile préambule fédérateur.

Des efforts ont été faits, monsieur Demorand, des efforts restent à faire. Le 9 janvier prochain, nouvelle journée de manifestation dans toutes les villes de France. Il ne faut pas baisser les bras et, si des efforts d'inventivité ont été faits, il faut continuer à faire preuve d'encore plus de créativité. Je parle des slogans entendus dans les manifestations.

Je vous en rappelle quelques-uns :

« Retraites à points, retraités à poil. »

« De la pression que dans ma bière. »

Ce slogan, joliment amusant :

« La retraite, pas l'arthrite. »

Ce slogan dédié à Marie-Pierre Planchon :

« Il fait froid mais on est chaud. »

Et ces autres slogans plus ou moins menaçants, jouant sur l'homonymie :

« Manu, on va en venir aux poings ! », « Mettons K.-O. la retraite par poings ! »

Également, un slogan qui mêle adroitement les inquiétudes sociales aux préoccupations écologiques :

« Macron, fumier, on va te composter ! »

Un slogan né sur le Net :

« Mets des paillettes dans nos retraites, Manu ! »

Et aussi ce slogan qui rappelle que la jeunesse est provisoire, puisque les étudiants de 68 sont devenus les vieux d'aujourd'hui :

« Sois vioc et tais-toi. »

On remarquera aussi ce slogan efficace, à la nostalgie charcutière :

« Pour les patrons, tout est bon dans le Macron. ».

Notons que « Macron » est un nom dont la sonorité est efficace dans un slogan, contrairement, hélas pour le président de la République, à « Philippe ». Je pense qu'il était dommageable de choisir un Premier ministre, Édouard Philippe, identifié par deux prénoms. Le slogan doit être agressif, direct. Le prénom sous-entend l'empathie, la sympathie, la proximité.

Jacques Chirac l'avait compris qui avait nommé un Premier ministre dont le nom se terminant en *é* pouvait se prêter à de nombreuses rimes.

« Dans le cochon tout est bon, dans le Juppé tout est à jeter. »

Oui, encore un slogan charcutier.

La question est de savoir si Édouard Philippe peut servir de fusible au président, quand son nom est en réalité un prénom.

Peut-être. Il faut creuser. Il faut tenter d'intégrer le nom du Premier ministre dans les prochains slogans…

« Philippe, Philippe, avoue que tu flippes ! »

Je ne dis pas que ce slogan est idéal, c'est un « work in progress ».

« Philippe, Philippe, tu continues comme ça, tu te retrouves en slip ! »

« Rip, Rip pour le plan Philippe ! »

Ne nous décourageons pas.

Nous aurons probablement dans les semaines qui viennent l'occasion de trouver de nouvelles rimes.

Arrêtez de faire chier Bernard Pivot !

3 janvier 2020

Arrêtez de faire chier Bernard Pivot !

Pendant quinze ans, à la fin du siècle dernier, Bernard Pivot a donné envie d'acheter des livres, parfois des chefs-d'œuvre, parfois des bouquins oubliables, mais chaque vendredi soir, sur le service public, il a donné envie de lire, c'est-à-dire de tenter de comprendre le monde.

Le monde, et c'est bien dommage, est composé notamment de types bien et de salauds.

Hélas, et c'est injuste et c'est amoral, mais ce ne sont pas toujours des types bien qui écrivent de bons livres.

Hélas, et c'est scandaleux et c'est abusif, mais les salauds ne sont pas toujours dénués de talent.

Hélas, et c'est révoltant et c'est désespérant, des types très gentils, très fréquentables écrivent parfois comme des sous-merdes.

C'est comme ça. On n'y peut rien.

Il existe même des sous-merdes qui écrivent des livres à chier.

En l'occurrence, je ne sais même pas si Gabriel Matzneff

était un bon ou mauvais écrivain, vu que je ne me suis jamais donné la peine de le lire.

Arrêtez de faire chier Bernard Pivot sous prétexte qu'il a reçu, à plusieurs reprises, un écrivain pédophile, dont les propos, en son temps, auraient dû alarmer le parquet, qui en d'autres occasions s'est saisi de lui-même, mais qui, à l'époque, a préféré se taire, fermer les yeux et se boucher les oreilles !

Arrêtez de faire chier Bernard Pivot !

Il n'est pas l'inventeur de la pédophilie, pas non plus son prosélyte. Pivot a invité des militaires sans promouvoir la guerre. Pivot a invité des curés sans défendre la religion. Pivot, qui n'a jamais été ni juge ni procureur, organisait des discussions, devait penser, pas forcément à tort, que le téléspectateur était assez grand pour se faire son opinion lui-même. Il donnait à voir. À voir et à z'entendre, comme dirait Boris Vian, qu'on aurait adoré voir comme invité à *Apostrophes*.

Arrêtez de faire chier Bernard Pivot, qui a donné tant de bonheur aux spectateurs ! Brassens défendant son antimilitarisme face à Bigeard. Modiano cherchant ses mots. Truffaut évoquant Hitchcock. Bukowski caressant le genou de Catherine Paysan. Simenon évoquant sa fille. Et puis tous ces documents pour l'histoire, Duras, Nabokov, Soljenitsyne, Paul Guth et Cohn-Bendit.

À l'époque, Cohn-Bendit paraissait plus sexy que Paul Guth. Aujourd'hui Paul Guth ne paraît pas plus sexy, mais semble avoir, post mortem, remporté le débat.

Arrêtez de faire chier Bernard Pivot ! Si Louis-Ferdinand Céline avait été vivant du temps d'*Apostrophes*, il aurait sûrement été invité par Pivot, et personnellement, sans doute aurais-je pris un certain plaisir à écouter cette ordure antisémite, par ailleurs grand écrivain.

Arrêtez de faire chier Bernard Pivot! Si *Apostrophes* avait été vivant du temps de Frédéric Beigbeder, sans doute y aurait-il été invité, et sans doute aurais-je ressenti un certain agacement à entendre des propos inélégants et malhonnêtes.

Voilà ce que je voulais vous dire ce matin. Je vous présente tous mes vœux pour la nouvelle année.

Ah, pendant que j'y pense, une dernière chose : arrêtez de faire chier Bernard Pivot!

Pour moins d'angoisse et plus de poésie en 2020

10 janvier 2020

À la page 52 du beau livre de Sylvain Tesson *La Panthère des neiges*, je lis : *Après tout, la descente d'un loup dans un groupe de yacks, la fuite de huit ânes survolés par un aigle n'étaient pas des événements moins considérables que la visite d'un président américain à son homologue coréen. Je rêvais d'une presse quotidienne dévolue aux bêtes. Au lieu d'« Attaque meurtrière pendant le carnaval », on lirait dans les journaux : « Des chèvres bleues gagnent le Kunlun ». On y perdrait en angoisse, on y gagnerait en poésie.*

Pour célébrer le début d'année 2020, en même temps que vous présenter à nouveau mes vœux, j'aimerais, comme Sylvain Tesson, y perdre en angoisse, y gagner en poésie.

La semaine dernière, un troupeau de lamas basé au Chili a traversé la frontière avec le Pérou, où une femelle a donné naissance à un petit lama. Quelques jours plus tard, le troupeau agrandi est retourné au Chili du côté de Parinacota. Tout le monde se fout de savoir si le jeune lama est considéré comme chilien ou péruvien.

Suite à une querelle de voisinage, un vieil orang-outan considéré comme un roi dans le sud de Bornéo a été victime d'une infection et a dû abandonner son activité de mâle dominant. On lui souhaite une retraite douce et bien méritée.

À La Lande-Patry, dans l'Orne, un chat a grimpé sur le chêne millénaire, près de l'église, où il a fait connaissance d'une jeune chatte, nouvellement pubère. Nous souhaitons au jeune couple tous les bonheurs du monde.

Dans la région Occitanie, des aigrettes ont passé le réveillon en groupe et comme tous les ans, au 1er janvier, se sont baignées selon leur tradition dans l'eau du Gardon.

Un vol d'étourneaux parti du lac Baïkal en Russie a été aperçu au-dessus de la Catalogne.

En cinquante ans, près de trois milliards d'oiseaux ont disparu en Amérique du Nord.

À Madagascar, des espèces de lémuriens sont menacées à cause de la déforestation.

En Australie, trois millions d'hectares en feu et des milliers de koalas qui périssent dans les incendies.

Le réchauffement climatique menace les rennes en Laponie et rend les chevaux obèses. Il fera disparaître 17 % des animaux marins d'ici 2100 et empêche cinquante-six ours polaires de partir en chasse sur la banquise, qui tarde à se former. La glace sur la mer n'est pas assez solide, et cinquante-six ours se retrouvent coincés près du village de Tchoukotka en Russie.

Il n'est pas certain, cher Sylvain Tesson, que la lecture des journaux dévolus aux bêtes victimes des hommes nous ferait beaucoup perdre en angoisse…

La Charentaise de Charente

17 janvier 2020

Là-bas, regarde bien, si proche et si lointaine, cette lueur qui apparaît… Regarde bien, là-bas, à l'horizon, cette clarté dans l'obscurité, cet éclat dans la noirceur, cette lumière dans l'opacité. Oui, regarde bien comment en France renaît l'espoir ! Observe combien le courage est payant, remarque comment la détermination peut apporter les fruits du renouveau ! Parmi le marasme des nouvelles anxiogènes et désespérantes, vois ce rayon de confiance et de foi qui tout d'un coup surgit et va sur chacun se poser, afin d'apporter le réchauffant confort de la consolation.

On la croyait malade, cette société sans perspective, on la craignait exsangue, anémique, à bout de souffle, mais voici que l'espérance renaît à La Rochefoucauld, dans le Pays d'Horte et Tardoire, puisque la Charentaise de Charente n'est pas morte, puisque la Charentaise de Charente va revivre !

Non, je ne parle pas de l'avenir de Ségolène Royal, je parle des chaussons que madame Royal, prochainement convoquée par deux députés UDI-LREM au sujet de son rôle d'ambassadrice des pôles, va enfin pouvoir enfiler. (Je parle des chaussons, pas des deux députés UDI-LREM.)

La Charentaise de Charente n'est pas morte, la Charentaise de Charente va revivre ! Un mois après la liquidation judiciaire de la société La Manufacture Charentaise, deux anciens cadres, Michel Violleau et Olivier Rondinaud, petit-fils du fondateur, ont pris leur courage à quatre mains afin de perpétuer le savoir-faire traditionnel du cousu-retourné. Gloire à Violleau et Rondineau !

Car le cousu-retourné devrait être inscrit au patrimoine de l'Unesco !

La Charentaise de Charente n'est pas morte, la Charentaise de Charente va revivre, et demain, dès le mois de mars exactement, la première production de la nouvelle entreprise de La Rochefoucauld va sortir, pile au moment où de nombreux candidats aux mairies de France rejetés par les électeurs pourront enfin les enfiler. Je parle des charentaises, pas des électeurs.

La Charentaise de Charente n'est pas morte, la Charentaise de Charente va revivre, et c'est une nouvelle merveilleuse pour tous ceux qui le soir, après une journée de labeur ou de grève ou de négociations ou de manifestations, ou de déplacements contraints, à pied, dans les rues de Paris, bouchonnées, surpeuplées, tendues, vont enfin pouvoir retirer leurs chaussures usées, fatiguées, salies, et jouir de leurs charentaises, car la Charentaise de Charente réunit tous les contraires, rassemble tous les opposants, dépasse toutes les discordes et tous les désaccords. Chacun a besoin de réconfort. Chacun a besoin de la douce chaleur d'une paire de charentaises, qui est symbole d'intimité et de sérénité et de lâcher-prise, car la Charente de Charentaise dépasse tous les clivages, met tout le monde d'accord.

Le soir, tous les anonymes favorables ou non à la réforme des retraites, tous les acteurs de cette séquence sociale que vit douloureusement notre pays, le soir, Édouard Philippe et Philippe Martinez et Laurent Berger retirent comme un seul homme leurs pompes, épuisés, pour laisser leurs doigts de pieds se mouvoir librement dans la chaleur attendrissante d'une paire de charentaises, et peut-être tous les trois, les pieds à l'aise, un verre de whisky à la main, vont pouvoir s'enfiler… le verre de whisky, pas tous les trois.

La Charentaise de Charente n'est pas morte. La Charentaise de Charente va revivre.

Quand on est mort, c'est pour la vie

24 janvier 2020

Quand on est mort, c'est pour la vie. Sauf quand on est poète. Cette année, on fête les cent ans de Boris Vian.

Bon anniversaire, Boris Vian. Trente-neuf ans à épuiser un cœur trop fragile et soixante et un ans à faire vibrionner un cœur vaillant parmi les anges éternels de la musique et de la chanson et de la littérature.

Enlevé, comme on dit, à l'affection des siens en juin 1959, mais toujours présent dans le cœur des lecteurs qui lui gardent un attachement éternel, Boris Vian est tellement vivant que certains ont cru voir son sosie dans le visage du président de la République. Moi, ça ne me saute pas aux yeux. Comme on ne peut pas imaginer un vieux Jésus, disparu crucifié à trente-trois ans, on ne peut pas concevoir un Vian vieillissant, mort au ciné à trente-neuf ans.

Boris, à propos, sort un nouveau livre.

Commencé au début des années cinquante pour la Série Noire de Georges Duhamel, mais jamais fini. Boris avait écrit les quatre premiers chapitres, puis était passé à autre chose, une chanson, un opéra, une invention, un article sur Duke Ellington, un air de trompinette.

Commencé, jamais fini, le livre sort chez Fayard. Ce mois-ci. *On n'y échappe pas.* C'est le titre. Des copains de Boris qu'il ne connaissait pas de son vivant lui ont prêté main-forte de son mourant. Attention, il y a quand même plus de Boris Vian dans son livre inachevé que d'écrit d'homme politique ou de footballeur dans n'importe quel livre signé par un homme politique ou un footballeur.

L'esprit de Boris, libre et libertaire, traverse le livre.

On n'y échappe pas.

Couverture de Clémentine Mélois. Dix-huit euros TTC prix France. Éditions Fayard. Arthème Fayard précisément. Je signale à propos que demain, samedi 25 janvier, est la fête des Arthème. N'oubliez pas de souhaiter sa fête à Arthème, si vous en avez un dans vos relations, car c'est une rareté. Depuis 1940, aucun enfant en France n'a été prénommé Arthème. Existe-t-il un seul auditeur prénommé Arthème ? On n'en sait rien. Si c'est le cas, merci de nous le faire savoir. Il s'agirait d'une personne qui aurait entre quatre-vingts et cent vingt ans, puisque le prénom Arthème a été donné à soixante enfants entre 1900 et 1940, et depuis plus rien. Ce qui est dommage, car les Arthème ont la réputation d'être disponibles et intelligents, capables de faire preuve d'abstraction.

Bonne fête aux Arthème et bon anniversaire à Boris Vian, qui a toujours bon pied, bon œil, vu qu'avec ses nouveaux amis de l'Oulipo, on n'y échappe pas, il sort un livre avec des meurtres, un assassin, une main artificielle et des histoires d'amour.

Quand on aime on a toujours cent ans.

Le Frexit

31 janvier 2020

La victoire de monsieur François Asselineau lors de l'élection présidentielle française, le 7 mai 2017, avait surpris tout le monde. Personne parmi le personnel politique n'avait vu venir l'outsider de l'Union populaire républicaine, qui, quelques jours plus tôt dans les sondages, n'était crédité que de moins de 2 % des intentions de vote. Personne parmi les commentateurs, sondeurs, analystes politiques en tout genre, personne parmi les militants, les amis, les fidèles, la famille même de monsieur Asselineau n'aurait pu, sérieusement, quelques jours avant le scrutin, imaginer un seul instant que le souverainiste partisan du Frexit serait parvenu à accéder à l'investiture suprême de la République française.

Madame Georgette Asselineau, qui avait prévu un voyage aux Canaries avec son mari pour la fin du mois de mai, exprima sa forte déception, quand celui-ci lui signifia qu'il ne fallait plus y penser. Elle fut doublement contrariée, quand le voyagiste, qu'elle avait contacté afin de savoir s'il accepterait de rembourser les billets, lui opposa un non catégorique, prétextant, contre toute évidence, qu'une élection à la présidence de la République ne pouvait être considérée comme un cas de force majeur.

Selon Thomas Legrand, Georgette, s'adressant à son mari, avait prononcé la première parole historique de l'ère Asselineau : « Tu commences à nous faire chier avec ta politique ! »

Monsieur Asselineau fut le seul à ne pas être surpris de sa victoire. Il affirma qu'aucun média, qu'aucun institut de sondage n'était crédible, puisque tous étaient noyautés par le Mossad et l'Union cycliste de Romorantin.

Monsieur Dupont-Aignan, entre les deux tours de l'élection présidentielle, s'étant rallié à monsieur Asselineau, au nom de l'intérêt supérieur de la France et des Français, eut en charge, en tant que Premier ministre, d'organiser le Frexit.

Ce ne fut pas une mince affaire.

La jeunesse lycéenne et estudiantine de France, craignant de ne plus pouvoir profiter des divers programmes Erasmus descendit immédiatement dans la rue, aussitôt rejointe par les forces vives de la nation, craignant l'arrêt des exportations, ainsi que par les anciens combattants et les derniers résistants à la barbarie nazie, redoutant le retour des spectres funestes du nationalisme.

Monsieur Macron, éliminé dès le premier tour pour cause de manque de maturité politique, observait ces manifestations avec une certaine amertume teintée de fraîcheur. « Si j'avais été élu, pensa-t-il, le pays serait certainement plus calme. »

Le peuple breton décida d'organiser un référendum régional, afin de savoir s'il décidait de rester dans la nation française ou s'il voulait rejoindre l'Union européenne. Une forte majorité, derrière des indépendantistes bretons pro-européens, décida de faire sécession, ce qui, aussitôt, donna des idées aux Normands, aux Bourguignons, aux Basques, aux Auvergnats, tandis que Saint-Pierre-et-Miquelon demanda son rattachement au Canada et que les Vendéens réclamèrent leur indépendance, afin de créer un nouveau pays dirigé par le roi Philippe de Villiers, qui depuis son domaine seigneurial du Puy du Fou, entouré de sa famille royale et de ses officiers commensaux, courtisans, ministres et serviteurs, régulièrement recevait monsieur Macron en tant que conseiller occulte, lequel finit par quitter Paris et demander la nationalité vendéenne.

Les Corses, toujours surprenants, exigèrent du nouveau pouvoir qu'il lançât la construction d'un pont suspendu, afin que l'île de Beauté puisse être rattachée au continent.

La victoire de monsieur Asselineau lors de l'élection présidentielle, le 7 mai 2017, ne cessa de surprendre le monde entier.

Pâté en croûte

7 février 2020

Le monde est violent. Le monde est à feu et à sang. On s'invective. On s'insulte. On ne s'écoute plus. Sur les réseaux asociaux, on s'engueule, on s'injurie, on se pourrit.

Alors, un peu de douceur, d'amitié, de gentillesse.

Récemment, quelqu'un de l'équipe du 7/9 a eu du chagrin. Un grand chagrin. La perte d'un proche, d'un très proche, d'un frère.

Plutôt qu'envoyer des fleurs, ou faire dire des messes, l'équipe du 7/9 a décidé le jour des obsèques d'envoyer un pâté-croûte, parce que le disparu, fine gueule, était doté d'un appétit aussi solide que son sens de l'humour.

Je vous ai apporté du pâté-croûte
Parce que les fleurs c'est périssable
Et le pâté-croûte c'est tellement bon
Bien que les fleurs soyent plus présentables
Surtout quand elles sont en bouton…

Moi qui ne suis pas champenois, je ne dis pas « pâté croûte » mais « pâté en croûte ». Le pâté en croûte aurait pu être le symbole de la macronie, si elle en cherchait un au lieu d'une cohérence, car le pâté en croûte est « en même temps » une entrée et une pâtisserie, « en même temps » un hors-d'œuvre et un gâteau, qui sollicite « en même temps » une pâte feuilletée ou brisée et de la charcuterie. Le pâté en croûte, qu'on se le dise, est une charcuterie pâtissière, une pâtisserie de cochon.

Le pâté en croûte ne date peut-être pas de la plus haute antiquité mais du Moyen Âge. Il constituait une des bases de la cuisine seigneuriale. La croûte du pâté servait à la cuisson et à la conservation de la viande, mais, comme la croûte était bonne, pas con, on la mangeait.

Le disparu, justement, était membre du jury qui organise le Championnat du monde de pâté croûte. À l'hôpital, il a goûté les pâtés en croûte, ceux du championnat, et aussi ceux de ses amis, bravaches, qui acceptaient d'être jugés par la fine gueule hospitalisée, dont le palais, heureusement, n'avait pas été altéré. On discutait, on palabrait, on parlait fort dans la chambre d'hôpital, mais uniquement de sujets cruciaux, essentiels. Le saindoux a-t-il sa place dans une pâte brisée ? Pour une pâte destinée à huit personnes, est-il juste d'intégrer la même quantité de beurre que de saindoux ? Quelle doit être l'épaisseur de la gelée sur les bords ? On s'accordait pour dire qu'un millimètre devait être la bonne épaisseur, étant bien convenu que la gelée devait obligatoirement provenir du sommet du pâté. Des problèmes d'hommes, simplement, comme dirait Léo, des problèmes de mélancolie.

Pourquoi je pense à cette affiche disparue, enseigne de la maison Noblet, charcutier-traiteur, qui se trouvait dans le

14e arrondissement de Paris, à l'angle de la rue d'Alésia et de la place Victor-Basch, une petite fille en robe rouge, ingénument cynique devant un joli cochon rose prêt au sacrifice : « Pleure pas, grosse bête, tu vas chez Noblet ! » ?

Aujourd'hui qu'il ne reste que les miettes du souvenir, tentons de rester joyeux, lucides, aimables, vaillants, aimants avec les vivants.

Justement, en pensant aux gens que j'aime, à ceux qui me donnent envie de rester vivant, je profiterai d'être à Lyon, capitale gastronomique, pour commander ce midi une bonne tranche de pâté en croûte.

Sauvain, ça devient Chicago

14 février 2020

L'un des plaisirs de la vie de tournée, c'est, pour moi, la lecture de la presse régionale. On y découvre des informations qui ne sont pas forcément relayées nationalement. Ainsi, dans la tribune du *Progrès*, datée du 13 février 2020, j'ai appris que Sauvain, quatre cent dix habitants, commune du département de la Loire jusque-là réputée pour sa sérénité, sa qualité de vie, Sauvain, ancien village fortifié, berceau de la fourme de Montbrison, avait été le théâtre d'un cambriolage qui a fait dire à nombre de lecteurs de la tribune du *Progrès* : « Sauvain, ça devient Chicago. »

Dans la nuit de dimanche à lundi dernier, la cave d'affinage de la fromagerie des Hautes-Chaumes a été, je cite, « la cible des cambrioleurs. Ils y ont pénétré par effraction et sont repartis avec près de deux cent quatre-vingts fromages arrivés à maturation et prêts à être commercialisés. »

Qui peut avoir volé deux cent quatre-vingts fourmes de Montbrison, ces fromages typiques des monts du Forez et bénéficiant d'une appellation d'origine protégée ? Autant le vol de sacs à main, de portefeuilles ou de portables est courant, autant le vol de fourmes de Montbrison est plus rare. La gendarmerie de Saint-Georges-en-Couzan, qui est sur les dents, a besoin de toutes les bonnes volontés, celles des amis de la fromagerie des Hautes-Chaumes, celles du Syndicat de la fourme de Montbrison, mais également de tous les amateurs de fromages à pâte persillée. Un éventuel fournisseur méconnu pourrait proposer une importante quantité de fourmes à la provenance inexpliquée. La vigilance est de mise. Chaque consommateur doit être sollicité. Chaque consommateur, devant les étals, sur les marchés, doit interroger la fourme, ou au moins ses revendeurs. D'où vient-elle ? Qui est-elle ? Quel est son pedigree, son histoire, sa provenance ? Chaque vente douteuse doit être signalée. Le crime ne doit pas rester impuni.

D'autant que le préjudice pour la fromagerie des Hautes-Chaumes représente un manque à gagner de dix mille euros.

Je me suis interrogé. Comment pouvais-je venir en aide à la fromagerie des Hautes-Chaumes ? En relayant nationalement l'information : c'est fait, et ce n'est pas suffisant.

J'ai constaté, en allant sur le site de Radio France dans la grille tarifaire des messages publicitaires classiques, que le coût d'un message publicitaire dans la tranche horaire 8 heures 30 - 9 heures était de onze mille euros hors taxe.

J'ai donc décidé d'offrir sur mon temps d'antenne une publicité de trente secondes correspondant au montant du préjudice. Bien sûr, ça ne fera pas revenir les fourmes disparues, mais cela apportera peut-être une notoriété consolatrice à monsieur Hubert Tarit et son associée Christine Combréas, qui, sous le choc, avait déclaré : « C'est comme si on nous avait coupé les jambes. »

Christine, cette publicité gratuite n'a pas d'autre intention que de vous rendre vos jambes…

Une envie d'évasion ? Un désir de campagne ? La fromagerie des Hautes-Chaumes propose sa fourme de Montbrison…

Seul ou entre amis, en pique-nique, pour tous les jours ou les grandes occasions, on est sûr de ne pas se tromper en choisissant la fourme de Montbrison.

Tu sais quoi ? En montgolfière d'escargots ou en bonbons acidulés, en soupe ou en terrine, la fourme de Montbrison de la fromagerie des Hautes-Chaumes, elle sait accompagner tous les plaisirs de la vie…

La cour de récré

21 février 2020

Le professeur des écoles venait de sonner le début de la récréation. Comme chaque jour, les enfants étaient sortis de la classe dans un joyeux brouhaha, et lui était resté derrière son bureau. Ses collègues, ce matin-là, avaient en charge la surveillance de la cour. Tranquillement, le professeur des écoles effaça le tableau noir, sortit sa cigarette électronique, puis entrouvrit la fenêtre. Sans le vouloir, il surprit une conversation…

« Eh, y a Benjie, il a montré son zizi !

— C'est même pas vrai !

— Si c'est vrai ! C'est même pour ça qu'il vient plus à l'école. Il a été puni !

— C'est même pas vrai !

— Si, c'est vrai. Il voulait être délégué de classe, il veut plus y être.

— De toute façon il aurait jamais été élu délégué de classe.

— Si ! S'il aurait voulu, il aurait pu y être, délégué de classe.

— Même pas vrai ! Personne voulait voter pour lui ! De toute façon, Benjie, c'est un crâneur. Même les filles, elles voulaient pas voter pour lui ! Benjie, c'est un crâneur ! Benjie, c'est un crâneur !

— T'en sais rien de toute façon ! Toi non plus, tu vas pas être élu, toi aussi, t'es un crâneur !

— Et en plus Benjie, il a montré son zizi ! Benjie, il a montré son zizi !

— De toute façon t'es qu'un gros pépère qui pue du derrière.

— Ç'uiqui l'dit qui y est !

— T'es qu'une grosse patate pourrie.

— Ç'uiqui l'dit qui y est !

— M'en fous, t'es plus mon copain.

— M'en fous, t'as jamais été mon copain. Je te déteste trop... T'es qu'un prout qui sent des pieds !

— Toi aussi, t'es qu'un prout qui sent des pieds. Si je veux, je m'en fous, je dirai des trucs que je sais sur toi qui sont pas très jolis, monsieur gros prout qui sent des pieds !

— Rapporteur !

— J'm'en fous, je dis ce que je veux !

— Benjie, il a montré son zizi ! Benjie, il a montré son zizi ! »

Le professeur des écoles sourit, il en avait assez entendu. Ces conversations enfantines, somme toute inoffensives, anodines, récurrentes, elles étaient, ni plus ni moins, le quotidien des cours de récréation. Il ne fallait pas s'en alarmer ni leur donner trop d'importance. Le mieux que les adultes avaient à faire, c'était ne pas s'en soucier... En refermant la fenêtre de la classe, le professeur des écoles s'aperçut de sa méprise. Il n'y avait pas d'enfants sous la fenêtre, c'était juste la rumeur d'une journée dans la vie des plus importants responsables de la politique française…

La Femme est apparue sur terre

6 mars 2020

La Femme n'est pas née de la dernière pluie. La Femme n'est pas un perdreau de l'année. Pour être à peu près exact, on situe son apparition sur terre à une période évaluée à trois cent mille années. Trois cent mille années, ça fait un bail. À l'époque de la naissance de la Femme, Jean-Pierre Pernaut ne présentait pas encore le 13 heures de TF1, et moi-même, je n'étais pas encore en charge de ces trois inappréciables minutes qui, hebdomadairement, concluant le ruban anxiogène de l'actualité brûlante, viennent vous ravir et vous charmer et vous émouvoir et susciter l'admiration chez les plus subtils parmi les gens de goût.

Donc, la Femme est apparue il y a trois cent mille années, alors qu'à l'époque le primate était du genre *Homo*, sans que personne n'y trouve à redire, et même *Homo sapiens*, quand on supportait sa petite laine. La Femme apparaît il y a trois cent mille années, et de l'avis de tout le monde ça fait un bien fou. « Comment jusqu'alors avions-nous pu vivre sans elle ? » s'interroge l'homme dans un accès de sincérité. Oui, dès le début de son apparition au sein de l'humanité, la Femme a su se rendre indispensable, avec un je-ne-sais-quoi qu'on ne peut expliquer, une façon de préparer la blanquette, de choisir le papier peint du salon et d'assurer la reproduction de l'espèce.

(Je dois préciser que cette chronique a été retranscrite à partir d'un vieux brouillon rédigé il y a de cela quelques années et que des notations qui, à l'époque, ne choquaient personne peuvent sembler atrocement machistes aujourd'hui. L'auteur prie son public exigeant de bien vouloir recontextualiser cette chronique au regard également de l'âge avancé de son auteur.)

La Femme apparaît, disais-je, il y a trois cent mille années, tandis qu'en France la Journée de la femme fut proclamée pour la première fois le 8 mars 1982. Il a donc fallu attendre deux cent quatre-vingt-dix-huit mille dix-huit années avant que la Femme puisse bénéficier d'une journée qui lui exprimerait un peu de reconnaissance. On le voit, le destin de la Femme est une longue patience. Pour exercer le droit de vote, il aura fallu qu'elle lanterne pendant deux cent quatre-vingt-dix-huit mille cinquante-cinq années. Bien sûr, et je suis d'accord avec vous, il fut toute une longue page d'histoire pendant laquelle l'élection qui consistait généralement à choisir entre deux gros messieurs chauves ne se posa même pas, puisque le suffrage universel fut lui-même tardif. J'en conviens, mais rappelons que pour avoir le droit de signer un chèque la Femme poireautera quand même pendant deux cent quatre-vingt-dix-huit mille trente-cinq années. Sachons apprécier l'évolution des mentalités qui aura permis aux femmes d'obtenir le paiement sans contact en même temps que les hommes.

Vous me direz, car je vois bien que ce matin vous avez envie de remettre en question chacune de mes paroles, le carnet de chèques était largement inutilisé du temps du paléolithique, quand le mode de vie était essentiellement fondé sur la chasse, la pêche et la cueillette, et que Félix Potin lui-même n'était pas apparu.

Je vous répondrai : « En effet. »

Un peu d'humour non politiquement correct ce matin sur France Inter avec cette rigolote citation, très second degré, du « stand-upper » de l'Académie française et de France Culture, Finkielkraut : « Violez, violez, violez. Voilà, je dis aux hommes : "Violez les femmes !" D'ailleurs, je viole ma femme tous les soirs. Tous les soirs, elle en a marre. »

Enfin, une conclusion plus France Inter mais moins second degré : « En 2019, le virus du féminicide a tué cent quarante-huit fois. Ensemble, soyons vigilants. »

New York, Gershwin et les tourments du cœur

13 mars 2020

J'avais vingt ans, je découvrais au cinéma Woody Allen et son dernier film. J'étais sous le charme et je pense que, si je le revoyais aujourd'hui, j'aurais à nouveau vingt ans, et je serais à nouveau sous le charme devant Manhattan, et New York et les tourments du cœur et la musique de Gershwin.

J'avais vingt ans, et Woody Allen me faisait rire, mais d'un rire inédit. L'enfance s'éloignait. L'enfance n'était déjà plus qu'un souvenir avec les films de Bourvil et de Louis de Funès, *Le Corniaud*, *La Grande Vadrouille*, et les films des Charlots, *Les Bidasses en folie* et *Les Fous du stade*. J'avais vingt ans et sans doute la velléité de devenir un peu plus chic, de réunir l'étudiant en lettres modernes que j'étais devenu et le petit rigolo du fond de la classe qui faisait marrer ses copains que j'étais resté. Je découvrais le noir et blanc, le Queensboro Bridge sur l'East River et les répliques d'un drôle d'intellectuel binoclard et dépressif : « Je ne crois pas aux aventures extraconjugales. Je crois que les gens devraient rester ensemble toute leur vie, comme les pigeons. Ou les catholiques. »

Moi, un peu pigeon, un peu catholique d'extraction, j'avais le projet de rester toute ma vie avec Woody Allen…

Imaginez que je sorte directement de ce petit cinéma de la rive gauche de Paris en 1979 pour rentrer immédiatement dans la France de 2020. Je serais abasourdi.

Une maison d'édition renonce à publier ses mémoires. Interdire les mémoires de Woody, mais pourquoi ? Lui qui n'a cessé de parler de Dieu, des hommes, des femmes avec humour et tristesse, bienveillance et désenchantement, une lucidité singulièrement tragique.

C'est après *Manhattan* que je découvre *Annie Hall*, pourtant sorti avant… *Annie Hall* et la scène des homards. Mieux que de Rugy, Woody Allen raconte qu'il faut prendre le homard avec des pincettes, que le homard nécessite de la dextérité et du savoir-faire et du sentiment. Cuisiner un homard avec la personne qu'on aime, c'est joyeux, ardent, inoubliable. Cuisiner un homard avec quelqu'un qui nous est indifférent, c'est laborieux, désagréable, pénible.

« Il y a très longtemps que je sais que la France est une terre d'asile pour mes films », disait Woody Allen il y a quelques années. Plus sûr que ce soit toujours le cas. La croyance populaire selon laquelle ce qui arrive aux États-Unis survient dix ans plus tard en France risque de se confirmer. Woody Allen persona non grata à cause de ses histoires intimes dont tout le monde parle mais que personne ne connaît, et bientôt à la tête de la France une version « camembert » de Donald Trump.

Quand Woody cassera sa pipe et ses lunettes, est-ce qu'à la prochaine remise de statuettes du cinéma on prononcera quand même son nom, est-ce que quelqu'un osera lui rendre un dernier hommage, rappeler qu'il est quand même l'auteur de *La Rose pourpre du Caire* ?

L'humour de Woody Allen, c'est ce que je continuerai d'aimer. Dites-moi si je dois me soigner, si je suis un dangereux malade.

L'envie parfois de sortir de l'époque, rentrer dans un petit cinéma de la rive gauche, à Paris, en 1979, et admirer Manhattan et New York et Gershwin et les tourments du cœur.

Tenir, rester chez soi

(En souvenir de Raymond Queneau)

27 mars 2020

Tenir.
Rester chez soi.
Se couper les moustaches et la barbe.
Lire.
Rêver.
Chanter.
Cuisiner.
Manger.
Boire.
Regarder les nuages.
Aux cartes si on est confiné à plusieurs
Jouer,
Au solitaire,
Si on est seul.
Préférer le silence.
Regarder des films.
Couper les chaînes d'info.
À 20 heures applaudir
Aux fenêtres,
Sur les balcons.

Les infirmières, les infirmiers.
Les doctoresses, les docteurs.
Les aides-soignantes, les aides-soignants,
Le personnel hospitalier.
Applaudir les caissières, les caissiers,
Les factrices, les facteurs.
Les livreuses, les livreurs.
Les éboueuses, les éboueurs,
Et tous ceux qui continuent à travailler pour nous.
S'étonner que les plus indispensables soient souvent les plus mal payés.
Tomber des nues.
Ne pas embrasser un flic.
Même si on s'appelle Renaud.
Même si on veut le remercier.
Ne pas trop s'exalter.
Faire des voyages, mais dans sa chambre.
Faire ses bagages, mais dans sa tête.
Des bavardages au téléphone.
Apprécier la régularité de son cœur qui bat.
Apprendre le chant des oiseaux.
Imaginer le retour des dauphins dans le port de Cagliari en Sardaigne.
Renoncer à tout, l'espace d'une parenthèse qui est une mise en garde.
Tenir bon.
Renoncer à tout, l'espace d'une parenthèse qui est une mise en garde.
Imaginer le retour des dauphins dans le port de Cagliari en Sardaigne.

Apprendre le chant des oiseaux.
Apprécier la régularité de son cœur qui bat.
Des bavardages au téléphone.
Faire ses bagages, mais dans sa tête.
Faire des voyages, mais dans sa chambre.
Ne pas trop s'exalter.
Même si on veut le remercier.
Même si on s'appelle Renaud.
Ne pas embrasser un flic.
Tomber des nues.
S'étonner que les plus indispensables soient souvent les plus mal payés.
Et tous ceux qui travaillent pour nous.
Les éboueuses, les éboueurs,
Les livreuses, les livreurs.
Les factrices, les facteurs.
Applaudir les caissières, les caissiers,
Le personnel hospitalier,
Les aides-soignantes, les aides-soignants,
Les doctoresses, les docteurs,
Les infirmières, les infirmiers.
Sur les balcons,
Aux fenêtres.
À 20 heures applaudir.
Couper les chaînes info.
Regarder des films.
Préférer le silence.
Si on est seul,
au solitaire
jouer,

Aux cartes si on est confiné à plusieurs.
Regarder les nuages.
Boire.
Manger.
Cuisiner.
Chanter.
Rêver.
Lire.
Se couper les moustaches et la barbe.
Rester chez soi.
Tenir.

« Ceux qui disaient que... »

(En souvenir de Jacques Prévert)

3 avril 2020

Ceux qui, pieusement,
Ceux qui, copieusement,
Ceux qui disaient : « C'est rien qu'une grippe ! »
Ceux qui disaient : « Bah, c'est un virus de plus... »
Ceux qui disaient : « Faudrait pas qu'ils en profitent pour annuler les élections ! »
Ceux qui disaient : « Ce serait un déni de démocratie. »
Ceux qui disaient : « Ce serait un coup d'État ! »
Ceux qui disaient : « Ni plus ni moins. »
Ceux qui disaient : « Il n'y a pas de risque dans les bureaux de vote. »
Ceux qui disaient : « Ils en font peut-être un petit peu trop... »
Ceux qui disaient : « Le masque ne sert à rien. »
Ceux qui disaient : « Et puis, c'est pas facile à mettre. »
Ceux qui parlaient fort.
Ceux qui péroraient.
Ceux qui disaient : « C'est le moment de faire des bonnes affaires en bourse aujourd'hui... »
Ceux qui disaient qu'il fallait faire des économies.

Ceux qui ne savaient pas, mais qui parlaient quand même.

Ceux qui parlaient quand même sans savoir, mais qui, en plus, à la télévision, étaient payés !

Ceux qui jamais ne disent : « Je ne sais pas. »

Ceux qui n'arrivent jamais à se taire.

Ceux qui continuent de l'ouvrir en n'en sachant pas plus.

Ceux qui, après s'être rapidement excusés, avoir fait leur mea culpa sommaire, parlent à nouveau, parlent toujours, parleront encore, pour faire marcher le grand commerce de la machine à bavardage, qui ne coûte pas cher et rapporte gros.

Ceux qui, pieusement,

Ceux qui, copieusement,

Ceux qui, benoîtement, relayaient les directives d'un libéralisme assumé.

Ceux qui disaient que l'hôpital était une entreprise comme une autre.

Ceux qui enjoignaient à l'ensemble des établissements hospitaliers de résorber le déficit.

Ceux qui, d'un revers de main, balayaient l'argumentation du personnel, quand il alertait les responsables en disant : « Nous sommes déjà en sous-effectif. »

Ceux qui disaient aux infirmières en colère : « Si la situation vous insupporte, vous n'avez qu'à rendre vos tabliers. »

Ceux qui devraient pleurer de honte dans le tablier des infirmières.

Ceux qui étaient sourds face à la détresse du personnel hospitalier.

Ceux qui osaient dire que le suicide d'un cadre hospitalier sur son lieu de travail n'avait rien à voir avec la gestion d'un hôpital.

Ceux qui demain seront peut-être les mêmes pour diriger les hôpitaux, la politique de santé ?

Ceux qui ont du travail.

Ceux qui n'en ont pas.

Ceux qui en cherchent.

Ceux qui n'en cherchent pas.

Ceux qui l'hiver se chauffent dans les églises.

Ceux qui regardent leur chien mourir.

Ceux qui croupissent.

Ceux qui voudraient manger pour vivre.

Ceux qui n'ont jamais vu la mer.

Ceux qui profitent du confinement pour relire Prévert.

Coronavirus. Écouter le personnel soignant ? Il faut surtout l'entendre !

10 avril 2020

Le directeur de l'agence régionale de la santé du Grand Est était à l'ouest. Il a été limogé par le gouvernement sous prétexte qu'il continuait de croire aux bienfaits de la politique du gouvernement avant le coronavirus.

« Il faut le punir, celui-là, a dit le gouvernement, parce qu'il a pas compris qu'avant le coronavirus, c'était la politique du gouvernement d'avant le coronavirus, mais maintenant qu'il y a le coronavirus on fait une politique du gouvernement d'après le coronavirus.

— Ah d'accord. Et ça consiste en quoi ?

— Ben, déjà, ça consiste surtout à pas redire ce qu'on disait qu'on allait faire quand il n'y avait pas le coronavirus.

— C'est tout ?

— Pour l'instant, c'est tout.

— Ça veut dire que vous ne croyez plus aux bienfaits de votre politique de santé que vous aviez mise en place ? »

N'extrapolons pas.

Le monsieur de l'agence de santé du Grand Est a dit : « Il n'y a pas de raison de remettre en cause le Copermo. »

Le Copermo, c'est le « comité interministériel de performance et de la modernisation de l'offre de soins ».

Dans une situation sanitaire extrêmement difficile, le monsieur de l'agence régionale de santé du Grand Est trouvait qu'il n'y avait pas de raison de remettre en cause quoi que ce soit, puisque la modernisation, c'est toujours une bonne idée.

La modernisation, en l'occurrence, ça veut dire qu'on va regrouper des hôpitaux, diminuer le nombre de lits et supprimer des emplois. Bah, cinq cents quand même pour le Grand Est. La modernisation, ça va rarement avec l'idée d'augmenter l'offre sanitaire et d'employer du personnel.

Il trouve, le monsieur de l'agence de santé du Grand Est, qu'il n'y a pas de raison de remettre en cause l'idée de supprimer des lits et des emplois, même dans une situation difficile, quand le personnel se plaint déjà d'être en sous-effectif et quand les lits sont si insuffisants qu'on a l'idée formidable de transférer les patients malades vers les hôpitaux d'Occitanie.

Encore une idée moderne, prendre le train quand tout le monde est confiné. Se retrouver à l'autre bout de la France, perdre ses repères en même temps qu'on perd la santé.

Gouverner, c'est prévoir, comme dit l'autre, mais prévoir ce que va faire le gouvernement, c'est pas facile non plus.

Est-ce que le gouvernement va limoger tous ceux qui étaient d'accord avec sa politique d'avant le coronavirus ?

Le monsieur de l'agence de santé du Grand Est a dit : « Je ne fais pas de politique, je suis un fonctionnaire loyal. » Je crois qu'il a tort de penser qu'il ne fait pas de politique. Il en fait. Comme monsieur Woerth en faisait quand il disait : « Il y a trop de lits d'hôpital en France » contre l'avis de tous les soignants, que monsieur Woerth peut-être prend la peine d'applaudir tous les soirs à son balcon.

Le monsieur de l'agence régionale de santé du Grand Est dit : « Je ne dis pas que je suis indispensable. »

Il a raison. Personne ne l'est.

Il dit : « On faisait et on fait du très bon travail, avec des équipes et du personnel soignant remarquables. »

C'est gentil de sa part. Comme c'est gentil de la part de tout le monde, à 20 heures pétantes, d'applaudir le personnel hospitalier.

Mais quand on aura fini de l'applaudir, on pourrait peut-être simplement l'écouter. Mieux encore, l'entendre.

Théâtre, Christophe, confinement, tendresse… À quoi tu penses ?

avril 2020

« À quoi tu penses ?

— À rien… Non, à rien. Je pensais juste, François Hollande, c'est un visionnaire. "Le changement, c'est maintenant", il l'a dit juste un peu en avance. Le changement, c'est vraiment maintenant. Ne plus avoir le droit d'aller dîner chez des copains, d'aller au restaurant, au théâtre. Se demander même si à l'automne on pourra y retourner, ça, c'est un vrai changement, dans nos têtes, dans nos habitudes. Plus une seule salle de spectacle ouverte, tu te rends compte ? Jusque-là, tous ces gens qui toussaient, ils allaient au théâtre. Si les théâtres sont fermés, où vont-ils aller tousser ? »

Et puis, je pensais, c'est curieux tous ces théâtres fermés, alors que depuis la tragédie grecque, c'est-à-dire plusieurs semaines encore avant l'arrivée de Roselyne Bachelot sur terre, c'est là que les masques étaient en plus grand nombre.

« À quoi tu penses ?

— À rien. Je pensais qu'on disait que sous l'occupation allemande les théâtres n'avaient jamais été aussi pleins… Sous l'occupation virale, les théâtres n'auront jamais été aussi vides.

« Je me disais aussi que, dans les périodes tragiques, le théâtre, c'est le moment où il devrait être le plus utile, plus indispensable que jamais. Où mieux qu'au théâtre partager nos incertitudes, crier nos colères, consoler nos douleurs, pleurer nos morts ? Je me disais que, lorsque le confinement sera fini, il faudrait quand même retrouver des occasions de se réunir.

« Je pensais aussi, à quoi ça sert un comédien, quand il n'est pas sur scène, à apprendre des textes qu'il ne dira jamais, à répéter des scènes qui ne seront jamais jouées ? »

« À quoi tu penses ?

— À rien. Non, je pensais juste, c'est marrant les gens... Chris Esquerre par exemple, qui de tous les humoristes de France Inter est peut-être celui qui est le moins dépendant de l'actualité, ce n'est pas celui qui est le moins touché. Il m'écrit dans un mail : "C'est bizarre, je m'attendais à perdre l'odorat ou le goût et je suis en train de perdre le goût des chroniques (mais c'est transitoire, paraît-il), j'ai bon espoir qu'on puisse revenir en studio pour quelques dernières en juin." Si j'osais, je profiterais bien de parler dans le poste pour dire à Chris que je souhaite vraiment que ce soit transitoire, parce que la perspective de le réentendre fait partie des petits bonheurs de la vie auxquels on tient. »

« À quoi tu penses ?

— Je pensais à tous ceux qui sont seuls, confinés et qui, pourtant, font des chœurs, chacun chez soi, mousquetaires du confinement. Je pensais à cette chanson si belle, si simple, si consolatrice que chantaient Bourvil et Marie Laforêt, écrite par Hubert Giraud et Noël Roux, et qu'on peut redécouvrir sur la Toile, très joliment réinterprétée par Valentin Vander, Marjolaine Piémont, Aurélien Merle, Gauvin Sers, Sophie Le Cam et tous les autres… »

« À quoi tu penses ?

— À rien, à toi, à nous. Je t'aime. »

(Et on passe *Symphonie confinée, La Tendresse* sur Youtube, Valentin Vander.)

Jamais on aura si peu embrassé depuis le 16 mars…

24 avril 2020

Une fois n'est pas coutume, je vais parler aujourd'hui d'économie.

Je vais évoquer plus précisément un secteur complètement à l'arrêt depuis le 17 mars 2020, en raison du Covid-19, je veux parler de celui de la production de bisous, de baisers, et plus généralement de toutes les marques de tendresse.

Depuis le 17 mars, l'industrie du bisou est tombée en France de façon catastrophique. S'en relèvera-t-elle un jour ? C'est la question. Jamais la France n'aura connu une telle baisse dans ce domaine d'activité. Jamais on n'aura si peu embrassé. Même en période de crise, même au moment du krach boursier de 29, même sous l'occupation allemande, le baiser n'avait connu un tel déficit. Je crois même pouvoir dire qu'au contraire, habituellement, on profitait de ces diverses crises pour mettre dans ce domaine, si j'ose dire, les bouchées doubles.

Alors, vous me direz : « Ce n'est pas un phénomène franco-français, d'autres régions du monde sont impactées de la même façon qu'en France. » Je vous dirai : « En effet », mais la France, par son histoire, par ses traditions, avait fait du bisou, et je dirai plus généralement du baiser, du patin, de la pelle, de la galoche, du bécot une spécialité incontournable, puisque cette pratique avait même atteint une sorte de consécration internationale en se faisant appeler le « french kiss ». Le « french kiss » était considéré comme une spécialité typique, au même titre que le camembert, la quiche lorraine, le cassoulet ou le caramel au beurre salé.

Depuis le 17 mars donc, la France a subi une baisse considérable de la production de baisers, de bisous, de patins, de pelles, de galoches, de bécots. Les chiffres sont éloquents. Ils parlent d'eux-mêmes.

Jusqu'au 17 mars 2020, chaque Français passait dans sa vie vingt mille cent soixante minutes à fabriquer des baisers, ce qui correspond à trois cent trente-six heures pour un individu ayant une espérance de vie allant jusqu'à quatre-vingt-cinq ans. C'est donc une moyenne annuelle de quatre heures, ce qui indique que le temps de la production mensuelle de baisers est estimé à vingt minutes. Ce qui n'est pas rien. Vingt minutes par mois. Deux mois de confinement total. Ce sont donc quarante minutes de baisers qui sont perdues à jamais pour chaque Français. Il faut donc multiplier par soixante millions d'individus. Soixante millions multipliés par quarante minutes, je laisse à Dominique Seux le soin de faire le calcul. C'est considérable !

Où iront tous ces baisers qui ne seront jamais donnés ? Que deviendront toutes ces marques de tendresse, d'amour, à jamais perdues ?

Il faut, et c'est important, et c'est essentiel, que les pouvoirs publics prennent la mesure de ce grave déficit, que les pouvoirs publics encouragent à nouveau la production de baisers, de galoches, de pelles, de patins, de « french kiss », dès qu'à nouveau la situation le permettra.

Il y va de l'avenir de la France, il y va de sa réputation dans le monde. Il y va aussi, et c'est essentiel, du moral des Français. Il serait catastrophique que cette si belle tradition française fût abandonnée, ou pire, délocalisée vers des territoires lointains, où la bonne volonté ne saurait tenir lieu de savoir-faire.

À partir du 11 mai prochain, relevons nos manches et ce défi, et faisons en sorte que le « french kiss », fruit de la plus belle tradition hexagonale, soit à nouveau synonyme d'excellence et que ce secteur redevienne le fleuron de l'industrie française.

Les présidents passent, et la vie continue d'apporter son lot de surprises !

1er mai 2020

Je suis né sous Charles de Gaulle.

Je suis entré au collège sous Georges Pompidou.

J'ai passé mon bac A sous V.G.E.

Je suis sorti de la fac sous François Mitterrand.

… Après, c'est plus compliqué de trouver des repères. Dès qu'on est de plain-pied dans l'âge adulte, tout a tendance à se mélanger, à se confondre. Avec l'âge, il y a moins de premières fois. Cherchons quand même. Tentons d'affiner.

J'ai eu mon premier vélo sous Charles de Gaulle.

J'ai participé à des camps de vacances sous Georges Pompidou, organisés justement par l'association « La Géorgienne ».

J'ai embrassé une fille pour la première fois sous Valéry Giscard d'Estaing. (Enfin, sous la présidence de Valéry Giscard d'Estaing, je n'ai jamais rencontré personnellement le président accordéoniste.)

J'ai été papa pour la première et la dernière fois sous le règne de François Mitterrand.

Euh…

Après, il s'est passé des trucs quand même ! Voyons…

J'ai eu une panoplie de Thierry la Fronde sous Charles de Gaulle.

J'ai imité Zizi Jeanmaire dans *Mon truc en plumes* sous Georges Pompidou. (Non, ne demandez pas, il n'existe aucune photo de cet événement.)

Je suis monté pour la première fois sur scène sous Valéry Giscard d'Estaing.

J'ai eu mes premiers cachets d'artiste sous François Mitterrand.

J'ai acheté une table de ping-pong sous Jacques Chirac.

… Réfléchissons.

J'ai appris à lire et à écrire sous Charles de Gaulle.

Je suis allé à mon premier concert sous Georges Pompidou.

Je suis parti en vacances avec des copains sous canadienne et sous Valéry Giscard d'Estaing. Enfin, sous sa présidence.

Je suis passé pour la première fois à la télé sous François Mitterrand.

Je suis devenu chanteur de variétés sous Jacques Chirac.

Je suis devenu chroniqueur de la matinale sur France Inter sous Nicolas Sarkozy.

J'ai fait mon premier bilan de santé cardiaque sous François Hollande.

J'ai fait le test de dépistage du cancer colorectal sous François Hollande.

Plus on avance en âge, plus on craint que les nouvelles expériences soient moins nombreuses ou moins marrantes ou plus tragiques.

Eh bien, depuis deux mois, sous la présidence d'Emmanuel Macron, je connais de nouveaux apprentissages.

Pour la première fois, sous Emmanuel Macron, j'ai acquis une liseuse, j'ai fait de la radio en restant chez moi, j'ai participé à une chorale tout seul avec plein de monde, je me suis abonné à Netflix, je suis allé chaque jour à pied chercher le pain et les journaux, j'ai mis un masque, je me lave les mains vingt fois par jour, j'ai annulé des spectacles, des rendez-vous, abandonné des projets.

Les présidents passent, et la vie continue d'apporter son lot de surprises.

« Attends-toi à l'inattendu », disait Edgar Morin dans *Le Monde* de la semaine dernière.

« La vie, c'est ce qui arrive quand on a prévu autre chose », avait dit John Lennon.

Valsovirus

8 mai 2020

Je mourrai d'un virus, d'un germe ou d'un microbe
D'un truc bien dégueulasse sans doute humanophobe
De lèpre, de la peste, peut-être du typhus
Comme tout un chacun du coronavirus
Je mourrai d'une mort à la télévision
Annoncée en direct par monsieur Salomon
Je mourrai dans des chiffres et quelques statistiques
Qui informent chacun des risques pandémiques

Je mourrai un beau jour pour avoir embrassé
La peau d'une étrangère en un coin mal famé
Je mourrai comme on tousse ou comme on éternue
Pour m'être consolé dans les bras d'inconnues
Pour avoir de trop près serré des anonymes
Être sans le vouloir et bourreau et victime
Je mourrai de rougeole ou de la rubéole
Un jour que je voudrai retourner à l'école
Je mourrai par hasard d'un rhume de cerveau
Je mourrai de chagrin en pleurant comme un veau

Je mourrai en rêvant aux chiens noirs du Mexique
Aux singes à culs nus dévoreurs de tropiques
Je mourrai en Ehpad, en maison de retraite
En attendant confiant une ultime Danette
Je mourrai d'accident ou bien assassiné
Flingué, buté, pendu, lynché, décapité
Je mourrai en plein champ parmi les fleurs sauvages
En observant là-haut les merveilleux nuages
Je mourrai dans mon lit et de ma belle mort
Comme à la fin du jour doucement on s'endort
Pour tenter de sembler de mon temps je mourrai
En chantant « Le télétravail, c'est la santé »

Je mourrai bien un jour, pas ici maintenant
Plus tard, beaucoup plus tard, dans vingt ans, dans cent ans
« Ne chantez pas la mort », chantait Léo Ferré
Du temps où Caussimon écrivait des succès
Chaque soir on entend avant la météo
Le nombre inquiétant de ces décès nouveaux
Apprenez bonnes gens qu'en ces temps mortifères
Les morts sont au-dessus des normales saisonnières
Je mourrai je ne sais pas comment mais je sais
Qu'un jour s'arrêtera pour toujours ce ballet
Oui, je mourrai bien sûr en méritant j'espère
Cette pensée fondée, ce juste commentaire
Cet avis ordinaire et si réconfortant
« Avant qu'il ne soit mort, il était si vivant »

Une main au cul…

15 mai 2020

Une main au cul.

La vraie vie, comme dit Arthur, était absente. Pendant les deux mois du confinement, elle avait décampé, uniquement occupée qu'elle était à compter le nombre de carreaux dans la salle de bains, le nombre de lattes dans le salon. Elle doit revenir, la vraie vie, en même temps que l'ancien président Giscard d'Estaing.

Une main au cul.

Depuis le début de la semaine, un remugle d'insecte brûlé, de chou de Bruxelles et d'œuf pourri traverse la France. Une pollution atmosphérique s'étend de Lille jusqu'à Nantes. Elle revient, l'odeur de soufre, en même temps que l'ancien président Giscard d'Estaing.

Une main au cul.

Tel est l'objet du délit.

Une main au cul, et la vraie vie redémarre.

Giscard a la barre et l'aurait toujours, selon une journaliste allemande.

Une main au cul, il est temps que les affaires reprennent.

Une main au cul. La France éternelle, celle des joyaux de

la couronne et des diamants de Bokassa, celle de Panama et des Hauts-de-Seine, celle des emprunts russes et des frégates de Taïwan, celle des ballets roses, celle de la main au cul.

Je ne commenterai pas les faits, ne les connaissant pas, les ignorant, et l'on s'étonnera ici de mes pudicités d'antilope, quand cette main au cul doit venir à point nommé pour alimenter la presse et les débats et les conversations et les polémiques.

Imaginez… Ivres de vengeance et de représailles contre le machisme ordinaire, le sexisme séculaire, le vieux système patriarcal, apparaîtront celles et ceux qui, dans le même sac, mettent Henri VIII, Polanski, Weinstein, Barbe-Bleue, Woody Allen, Landru et Giscard.

Manifestation. Contre-manifestation. Déclaration. Proclamation. Révélation. Devant l'Académie française, le Conseil d'État. Giscard démission ! Giscard en prison !

Une main au cul.

Émoustillés par des souvenirs personnels et licencieux, pointeront le bout de leurs nez celles mais surtout ceux qui dans le débat vont s'immiscer en minimisant. « Bah, une petite main au cul, une toute petite main au cul, ce n'est jamais qu'une main au cul, une petite main au cul de rien du tout… »

Surgiront enfin celles mais essentiellement ceux qui feront de cette main au cul une bannière, qui de la main de Giscard feront un étendard, qui, la main sur le cœur, feront de cette main au cul, un drapeau, tous les nostalgiques de cette époque si lointaine où l'expression même de « geste barrière » était inconnue.

« Cette main au cul, diront-ils, c'est notre patrimoine, c'est la plus haute expression de la tradition française, celle du badinage, celle de Beaumarchais et de Marivaux. Cette main au cul, c'est un sommet de l'esprit français, fi de cette société moderne asexuée où l'homme viril doit se cacher, doit avoir honte, fi de cette société politiquement correcte, dirigée par des eunuques et des chapons ! »

Une main au cul, une simple main au cul vient d'apparaître, qui s'offre, leste et déconfinée, une main au cul, et la vie repart. Une main au cul, et déjà le masque et le virus ne devraient plus être les seuls sujets de querelle. Une main au cul, et l'espoir renaît !

Michel (Piccoli) et les autres*

22 mai 2020

C'était en juillet 2004, au cimetière du Montparnasse, Michel Piccoli lisait les paroles d'une chanson. Le texte d'une chanson habituellement interprétée par Serge Reggiani, empêché ce jour-là du fait qu'il était lui-même étendu dans un cercueil, en ce triste jour ensoleillé de juillet 2004 où Piccoli, devant son ami étendu, avait décidé de lui rendre hommage en lisant les mots de Claude Lemesle.

Il faut vivre, l'azur au-dessus comme un glaive
Prêt à trancher le fil qui nous retient debout
Il faut vivre partout, dans la boue et le rêve
En aimant à la fois et le rêve et la boue.

À quoi pensait-il ce jour-là, Piccoli, devant le cercueil de son ami parti ?

On ne sait pas. Ce qu'on imagine, c'est que les autres, dans le cimetière du Montparnasse, devaient penser à François, qui survivait à Paul, à Paul, qui avait survécu à Vincent.

* Le 12 mai 2020 disparaissait Michel Piccoli.

Les autres, voyant François debout, devant Paul, allongé, devaient penser aux dimanches et aux gigots à la con, à cet écrivain qui n'écrit plus rien, à ce boxeur qui ne veut pas boxer, à ces bonnes femmes qui couchent avec n'importe qui et à cette colère magnifique, inoubliable, tellement juste et totalement construite d'un acteur espiègle et farceur et moqueur qui, dans sa parfaite panoplie de quadragénaire bourgeois, s'amusait sur les mots de Jean-Loup Dabadie à imiter son metteur en scène.

À quoi pensait-il, Piccoli, devant son pote ce jour-là dans le cimetière du Montparnasse ? Peut-être simplement à bien respirer, à bien porter la voix, comme on lui avait appris au cours Simon, et ne pas bafouiller pour que son vieux rital de copain disparu puisse être fier de lui et que la matinée soit belle, bien qu'elle fût mortuaire, et que la représentation soit un succès, bien qu'elle fût gratuite.

Qu'on s'appelle Suzanne, Henri, Serge ou que sais-je
Quidam évanescent, anonyme, paumé
Il faut croire au soleil en adorant la neige
Et chercher le plus-que-parfait du verbe aimer.

La nostalgie a mauvaise presse. On l'accuse de tous les maux. On la dit passéiste, réac, légèrement arriérée. La nostalgie, en gros, est une peau de vache, une salope, une emmerdeuse, toujours prête à se plaindre, à pleurnicher, à pourrir la vie de ceux qui la serrent de trop près. Mais comment, quand on porte un masque, ne pas avoir envie de s'en griller une dans un bistrot enfumé d'un film de Sautet ? Comment, quand on doit respecter les gestes barrières, ne pas avoir envie de prendre Marie Dubois sur son cœur et Antonella Lualdi dans ses bras ? Ou le contraire. Boire dans le verre de Montand et donner l'accolade à Reggiani ? Courir à perdre haleine, suer à grosses gouttes, crier à pleins poumons et se postillonner dans la gueule en masquant sa mélancolie ?

Que quelqu'un puisse aller dire à Michel Piccoli, dans la plus stricte intimité sanitaire d'un cimetière déserté d'un mois de mai post-confiné, avec respect, avec pudeur, la reconnaissance, l'admiration, l'amour du public. S'il faut une prière, pour suggérer que les souvenirs sont supérieurs aux hommes dans leurs capacités à résister au temps, puisque les souvenirs de gigots et de dimanches à la con nous enterreront tous, choisissons les mots de Claude Lemesle, poète déguisé en chansonnier, qu'un jour de juillet, dans le cimetière du Montparnasse, Michel Piccoli avait prononcés, un jour d'été, où la nostalgie n'était pas chouineuse mais résolue, bravache, vaillante.

Il faut vivre d'amour, d'amitié, de défaites
Donner à perte d'âme, éclater de passion
Pour que l'on puisse écrire à la fin de la fête
Quelque chose a changé pendant que nous passions.

Piccoli, Dabadie, Bedos…
Merci, mon Dieu,
d'aller vous occuper ailleurs

29 mai 2020

Mon Dieu,

(Oui, ce matin, je m'adresse à Dieu.)

Mon Dieu,

(C'est quasiment une lettre d'intérieur mais post-augustin-trapenardesque, une lettre d'intérieur que j'adresse à Dieu.

Parce qu'il n'y a pas de raison, parce qu'il faut toujours viser haut, parce qu'il vaut mieux s'adresser au Bon Dieu qu'à Amazon, ça fait moins de tort aux libraires.)

Mon Dieu,

(Je précise que c'est la première fois que j'écris à Dicu, j'ai écrit au Père Noël, mais il y a longtemps. À Dieu, jamais.

Je pense que le mieux pour s'adresser à Dieu, c'est la sobriété.

Pas « Mon cher Dieu », trop familier.

Pas « Ô Seigneur tout-puissant », trop flagorneur.

Pas « Notre Père qui êtes aux cieux », parce que je trouve que ça a un petit côté géolocalisation avec risque d'atteinte à la vie privée. Dieu est partout, Il n'est pas forcément aux cieux au moment où je m'adresse à Lui, et d'ailleurs Il est où Il veut, et ça ne regarde personne.

Non, « Mon Dieu », c'est bien.)

Mon Dieu,

(J'ajoute d'ailleurs que je n'attends pas une réponse de Sa part. Je sais qu'Il est très occupé, qu'Il a autre chose à faire qu'à me répondre. Simplement, quand Il aura le temps, juste une photo dédicacée. C'est pour ma mère.)

Mon Dieu,

(Quand c'est Augustin qui lit, il y a toujours une musique de fond, donc je ne vois pas pourquoi je n'en aurais pas…)

Mon Dieu,

Depuis le catéchisme, je sais que Vous voyez tout et que Vous entendez tout. Je n'oublie pas non plus que Roland Topor disait : « Dieu voit tout, entend tout, confond tout. »

Justement, si je m'adresse à Vous ce matin, avec humilité, repentir, contrition, tout ce que Vous voulez, je veux aussi Vous parler avec fermeté, parce que, par moments, sauf Votre respect, mon Dieu, Vous avez tendance à charrier dans le mastic.

La semaine dernière, je rendais hommage à Michel Piccoli. J'évoquais notamment Claude Sautet et par conséquent Jean-Loup Dabadie. Peut-être, dans Votre bonté infinie, afin de me faciliter la tâche et me permettre de poursuivre ma série sur les grands disparus, avez-Vous cru m'obliger en rappelant à Vous Jean-Loup Dabadie, puis, pas plus tard qu'hier, Guy Bedos, qui, je préfère Vous prévenir tout de suite, ne va pas Vous faciliter la vie au paradis.

Sachez, mon Dieu, que je ne Vous avais rien demandé. Ma chronique hebdomadaire n'a nullement vocation à devenir une suite d'oraisons funèbres.

Même si j'avais la plus grande admiration pour Dabadie,

qui savait si bien mêler l'humour à la nostalgie, même si je vénérais Guy Bedos, dont je n'oublierai jamais les spectacles, qui ressemblaient à des meetings joyeux dans lesquels soufflait un esprit aussi libre que libertaire, je ne ressentais aucune sorte d'impatience à écrire un hommage pour ces deux-là.

Je Vous prierais donc, mon Dieu, de bien vouloir Vous occuper de Vos affaires et de laisser sur terre ceux qui, à l'image de Jean-Loup Dabadie et Guy Bedos, ont su apporter à leurs contemporains un peu de bonheur, un peu de grâce, un peu de consolation, ces deux funambules de l'existence, qui, sur un fil tendu entre profondeur et légèreté, insolence et tendresse, ont avancé avec tant d'élégance, ces deux-là pour qui le terme « mélancomique » avait été inventé.

Mon Dieu, en guise de formule de politesse, je conclurai à la manière de Jean Rochefort devant Danièle Delorme dans *Nous irons tous au paradis* : « À part ça, quoi de sensas ? »

L’après-guerre du coronavirus au cinéma, j’ai mon film pour Cannes 2021

5 juin 2020

Bientôt, si ce n’est déjà fait, nous allons entrer dans l’après-guerre.

Le 16 mars 2020, dans une déclaration solennelle, le président Macron avait martelé : « Nous sommes en guerre. » Aujourd’hui que les ravages du virus semblent s’éloigner, une question se pose : Comment aborder l’après-guerre ? Comment raconter cette période historique ? Comment créer une œuvre qui soit suffisamment forte, suffisamment fédératrice pour réunir à nouveau le peuple français ? Comment raconter l’occupation du coronavirus sur la terre de France ? Comment dire ses héros et ses salauds, ses braves et ses médiocres ?

Oui, comment créer une sorte d’œuvre patrimoniale qui sache évoquer la France sous l’occupation du coronavirus, un peu à la manière de Jean-Pierre Melville quand il tourna *L’Armée des ombres* ?

Musique L’Armée des ombres, *Éric Demarsan. Thème de Gerbier.*

Premier plan, place de l'Étoile, le désert… Pas une voiture, pas un vélo, pas un être humain. Puis, tout d'un coup, une armée de canards venus du bois de Boulogne descend les Champs-Élysées…

Gros plan sur un homme. Je suggère Gilles Lellouche ou Jean Dujardin ou Guillaume Canet. Un grand. Il est sur son canapé. Il mange des chips. Il est allongé. Il regarde un film avec Louis de Funès. Tout d'un coup, il se gratte les testicules, puis reprend des chips.

Coup de théâtre, *Fin de la musique* au bout de plusieurs minutes, l'homme se lève. La tension est à son maximum. Où va-t-il ? Que fait-il ? Il marche droit devant lui, dans le couloir de son appartement. Il va au cabinet. Au petit coin. Aux W-C.

Là, dans un espace encore plus réduit, il se met à compter le nombre de paquets de papier toilette. Huit cent vingt-sept. Il murmure le chiffre tout bas, huit cent vingt-sept, il est ému. Il a envie de pleurer. Il est celui qui aura permis à sa famille de garder toute sa dignité dans l'adversité. Il sait cependant qu'il n'a fait que son devoir. Le devoir d'un homme sur qui les autres peuvent compter.

Il va se rasseoir sur le canapé. Le film avec de Funès est fini. Il zappe. Il décide de regarder *Affaire conclue*. Il s'aperçoit que c'est une rediffusion. Il murmure, pour lui, cette phrase qui pourrait devenir historique : « Pour les Français, la guerre sera finie quand Sophie Davant enregistrera de nouvelles émissions. »

Musique L'Armée des ombres. *Thème de Gerbier.*

Une femme apparaît. Dans la chambre à côté, elle faisait une sieste. Elle a les traits tirés. Sur la joue, la marque de l'oreiller. Une femme tendue, épuisée. Je pense à Mélanie Laurent. Peut-être Marion Cotillard, peut-être Léa Seydoux…

Elle est au bord des larmes. Elle a du mal à parler, puis, dans un souffle, elle dit *Fin de la musique* : « Y a plus de beurre. »

Gros plan sur l'acteur. Lellouche ou Dujardin ou Canet. Silence. Échange de regards. Tension palpable. Puis, il ouvre la bouche. Il dit : « J'y vais. »

Il met trois slips, quatre pullovers, une combinaison de plongeur. L'actrice en larmes explose de douleur. « N'y va pas. N'y va pas, Pierre. Tant pis. Il me reste de l'huile d'olive. » « J'y vais, répète l'acteur, j'y vais, Vanessa. Je dois y aller. »

Le couple, Pierre et Vanessa, pendant quelques instants, séparé par un mètre de distance, aimerait s'embrasser, mais il ne peut pas. Il respecte les gestes barrières.

Pierre est devant le Coccimarket. Il fait la queue. Devant lui, à un mètre, un homme. Derrière lui, à un mètre, une femme.

Musique Morton Gould, L'Armée des ombres / Les Dossiers de l'écran.

Il saisit dans sa poche son téléphone portable. Il compose un numéro. Le téléphone sonne dans le vide. Gros plan du portable de Vanessa qui vibre sur la table basse du salon. Vanessa sur le balcon fume une cigarette. Retour sur Pierre devant le Coccimarket. On l'entend murmurer : « Vanessa, réponds-moi, je t'en prie, Vanessa, réponds-moi. » Vanessa de son balcon voit enfin son téléphone vibrer. Elle se précipite sur lui, décroche. Gros plan sur Pierre. « Ah ! Vanessa, enfin, tu es là. » « Oui, Pierre, j'étais là, sur le balcon, qu'est-ce qui se passe ? Que veux-tu me demander ? » Court silence. « Vanessa, le beurre ? Demi-sel ou doux ? »

Fin de la musique.

« Doux, répond Vanessa. Doux. Prends trois plaquettes. Pendant que tu y es, prends aussi deux trois paquets de papier toilette. »

Fin du film. Attention, j'ai tout à fait conscience que le synopsis a encore besoin de travail… Nous avons une année pour mettre le scénario au point si on veut être prêts pour Cannes 2021.

Une pensée pour l'aristocratie du pied de biche

12 juin 2020

Je voudrais ce matin pousser un cri d'alarme.

Ouh…

Je ne le pousse pas trop fort, car, une fois de plus, ce matin, je fais la chronique de chez moi, où tout le monde n'est pas encore levé.

Ouh…

Je voudrais parler d'une profession dont le moral est au plus bas. Je voudrais parler d'une profession qui souffre.

Pourtant, je n'ai pas entendu beaucoup de paroles de compassion pour ceux qui font vivre ce secteur d'activité, je veux parler de celui du cambriolage. La filière vol, larcin, brigandage a connu une chute extraordinaire en ce début d'année, oui, une forte régression, et on peut même se demander aujourd'hui si la profession se relèvera d'un tel marasme.

Depuis le 17 mars, en effet, une baisse spectaculaire a eu lieu dans ce domaine. Pour ceux qui ont choisi de faire profession de cambrioleur, le manque à gagner est énorme.

En mars 2020, il y a eu treize cambriolages par heure en France, alors qu'au mois de février 2020, il y en avait eu vingt-cinq.

Comment s'introduire dans une maison, dans un appartement, quand chaque lieu de vie est, hélas, occupé par des personnes confinées et qui ne permettent pas aux cambrioleurs de faire normalement leur travail. Les chiffres sont alarmants. La semaine du 20 au 26 avril 2020, imaginez, le nombre de cambriolages a tout simplement été divisé par trois : mille cinq cents actes comptabilisés contre quatre mille cinq cents sur la même période l'an passé.

Dans ce même secteur d'activité, il y a une autre profession qui a connu une grave chute d'activité, c'est celle de pickpocket. Être pickpocket, certes, ne nécessite pas d'avoir obtenu des diplômes universitaires, mais, pour réussir dans ce domaine, il faut un véritable savoir-faire, une haute habileté que l'on n'apprend pas dans les écoles, mais qui n'en est pas moins réelle.

Au cours de la semaine du 20 au 26 avril 2020, sur tout le territoire français, seulement trois mille cinq cents victimes de vols sans violence ont été entendues dans les commissariats, elles étaient près de treize mille sur la même période en 2019. Évidemment, comment pratiquer le vol à la tire de façon satisfaisante et efficace quand il n'y a plus de touristes, plus de passants, plus personne dans les rues, dans les bus, dans les métros ? La situation est particulièrement alarmante. Et, à l'époque de la cybercriminalité, j'aurai une pensée pour l'aristocratie de l'escroquerie, la génération pieds-de-biche, celle qui sait encore travailler à l'ancienne et dans les règles de l'art.

Vous allez voir, dimanche soir à la télévision, le président Macron va faire un tas d'annonces pour tout un tas de catégories professionnelles et n'aura pas un seul mot pour les monte-en-l'air et les rois de la cambriole.

Mon cri d'alarme sera-t-il entendu ?

Ouh…

Je le fais discrètement. Parce que chez moi, aucune évolution, je suis le seul à être levé…

Oscar

19 juin 2020

Bonjour, je m'appelle Oscar et je suis un basset des Alpes. Je vis en région parisienne avec mon maître et ma maîtresse, dans une maison entourée d'un joli jardin.

(Ça, c'est ma force, je dirais, c'est mon petit plus, c'est qu'étant comédien, si vous voulez, j'ai un gros registre, qui me permet de jouer toutes sortes de personnages les plus divers. Ce matin, j'ai décidé d'interpréter un basset des Alpes.)

Bonjour, je m'appelle Oscar et je suis un basset des Alpes qui, la plupart du temps, reste dans sa jolie maison en région parisienne…

(C'est fou, la force d'évocation que je peux avoir, je préfère prévenir les standardistes de France Inter, je ne serais pas autrement surpris qu'ils soient submergés d'appels d'auditeurs stupéfaits qu'on puisse donner la parole à un chien à la fin du 7/9. Je préfère prévenir, il y aura, en gros, deux sortes de réactions, ceux qui diront : « Bravo, c'est bien de laisser la parole aux animaux domestiques, on ne les entend pas assez sur le service public » et ceux qui diront : « Je pense qu'il y a des invités plus intéressants qu'un chien, fût-il basset des Alpes, à recevoir sur une chaîne payée par nos impôts. Par exemple, Alain Finkielkraut n'a toujours pas été invité depuis le 19 mai 2020. »

Bonjour, je ne m'appelle pas Alain Finkielkraut mais Oscar, je voulais vous dire que j'avais passé dans ma jolie maison de la région parisienne un très bon printemps, entouré de mon maître et de ma maîtresse.

(En réalité, le mieux, parce que je suis en train de réfléchir tandis que je vous parle, c'est de dire la vérité, non, je m'adresse aux standardistes de France Inter, je pense que c'est mieux de dénoncer le procédé, de dire : « Non, en fait, ce n'est pas vraiment un basset des Alpes qui parle, c'est un comédien qui joue le rôle d'un basset des Alpes. » De toute façon, je pense que la plupart des auditeurs, parmi les plus perspicaces, auront vite découvert le pot aux roses et, par ailleurs, je ne voudrais pas être à l'origine de malentendus ou de confusion mentale chez les plus crédules.)

Bonjour, je m'appelle Oscar et je suis un basset des Alpes. Je voulais vous dire combien je regrettais le doux temps du confinement. Toute la journée, j'avais près de moi mon maître et ma maîtresse. Toute la journée, ils prenaient le temps de s'occuper de moi. Le matin, mon maître, en jogging, me faisait faire une promenade. En fin de journée, ma maîtresse, en tenue décontractée, me faisait faire le tour du pâté de maisons. Depuis le déconfinement, je reste dans ma niche, et mes maîtres ne me promènent plus.

Ah, que revienne vite le temps du confinement quand nous autres, les chiens, étions considérés !

(À ce moment-là, si vous voulez, j'avais prévu de faire un parallèle avec tous ceux qui, occupant des emplois jugés subalternes, sont souvent traités comme des chiens et qui auraient pu croire, pendant le confinement, que dans le monde d'après, une certaine embellie apparaîtrait et qu'ils seraient mieux considérés. Mais je me suis dit que c'était une fin qui, sans doute, avait l'avantage d'évoquer nos fabulistes les plus subtils, mais qui pouvait sembler facilement moraliste. Donc, j'ai opté pour une autre fin, une série d'aboiements, à la fois alertes et conclusifs, qui permettra un vaste champ d'interprétation.)

Un goéland en exil de sentiments

26 juin 2020

Dernière chronique avant l'été. J'ai reçu, justement, pas plus tard qu'hier, un appel de Laurence Bloch, qui m'a posé une question, tout à trac et que je vous livre comme elle me l'a formulée : « Est-ce que tu viens pour les vacances ? »

On entend le tube de David et Jonathan jusqu'au bout. Eh oui.

Alors, bon, Laurence, je la connais depuis longtemps. Je crois me souvenir que, quand je l'ai connue, elle avait les cheveux blonds, un crocodile sur son blouson. On s'est connus comme ça, au soleil, au même endroit.

Et c'est amusant, parce que, justement, je m'étais fait la réflexion à l'époque qu'elle avait des yeux d'enfant et, j'ajouterai, des yeux couleur de l'océan. Je ne sais pas si elle s'en souviendra, moi, pour faire le malin, je chantais en italien. C'est alors qu'elle m'avait posé cette question pour la première fois : « Est-ce que tu viens pour les vacances ? » Laurence m'avait par ailleurs signalé qu'elle n'avait pas changé d'adresse et qu'elle serait un peu en avance au rendez-vous de nos promesses.

Alors, Laurence, c'est vieux tout ça, je ne sais pas exactement ce qu'on s'était promis, mais ce dont je me souviens, c'est que, les nuits d'hiver où j'avais froid, j'étais un goéland en exil de sentiments. Et croyez-moi si vous voulez, faites-en l'expérience à l'occasion, mais ce n'est pas spécialement évident à vivre qu'être un goéland en exil de sentiments. Déjà, une vie de goéland, dans l'ensemble, il faut être juste, c'est pas spécialement folichon. Il faut vraiment apprécier le plein air, il ne faut pas avoir peur de tout ce qui est embrun… Il faut aussi accepter de se nourrir parfois de charognes, quand même, c'est bien de le savoir avant de se lancer dans une carrière de goéland… Faut pas non plus craindre l'humidité et les courants d'air. Alors bon, tout ça, plus un exil de sentiments, il faut quand même avoir un super mental…

Mais enfin je m'égare, car la question qui se pose et qui dépasse ma simple relation avec Laurence, c'est celle-ci : « Est-ce que tu viens pour les vacances ? »

Alors, bon, je pense que non… Laurence, je crois, c'est mieux pour l'un et pour l'autre de prendre un peu de distance. Je ne viendrai pas pour les vacances. On réfléchit à notre relation et, dès septembre, on voit comment on négocie notre avenir.

Cependant, je ne voudrais pas partir et quitter l'antenne sans effectuer ce que Laurence appelait si joliment un « rendez-vous de nos promesses ».

Je veux bien faire la promesse, Laurence, que, à partir de septembre prochain, j'aurai recours le moins possible à ce procédé lamentable et somme toute indigne qui consiste, pendant toute une chronique, à utiliser une musique moins caractérisée par sa subtilité que par sa capacité à entrer dans la tête de toutes celles et tous ceux qui l'écoutent et qui, de toute la journée, n'arriveront pas à s'en débarrasser, au point que ça peut devenir pénible.

Par ailleurs et par délicatesse, ce matin, j'ai conçu une chronique qui certes n'est pas ma meilleure, mais qui a pour simple but de ne pas rendre trop cruelle cette séparation obligatoire de deux mois.

Voilà. Bonnes vacances. À bientôt.

Il n'y a pas d'âge pour être orphelin

(L'excuse Antoine Doisnel)

28 août 2020

17 août 1926. Le président de la République française s'appelle Gaston Doumergue. On l'aime bien, Gastounet, il est bonhomme, il a l'accent du Sud. À son accession à la présidence, il est célibataire, mais tous les matins il part à pied de l'Élysée pour prendre le petit déjeuner avec Jeanne-Marie Gaussal, veuve Graves, à son ancien domicile du 73 *bis*, avenue de Wagram, dans le 17e arrondissement à Paris.

24 août 2020. Le président de la République française s'appelle Emmanuel Macron. On lui déconseillerait de remonter à pied les Champs-Élysées pour rendre visite à qui il veut du côté de l'Étoile.

Quatre-vingt-quatorze ans, le temps d'une vie.

17 août 1926. Aux Folies-Bergère à Paris, Joséphine Baker mène « La Revue nègre ».

24 août 2020. Le livre *Les Dix Petits Nègres* d'Agatha Christie est débaptisé. Il s'appellera désormais *Ils étaient dix.*

Quatre-vingt-quatorze ans, le temps d'une vie.

17 août 1926. Charles-Louis Pothier et Léon Raiter sortent leur plus grand succès, chanté entre autres par Mary Ketty, Berthe Sylva, Lucienne Delyle, Tino Rossi.

C'est aujourd'hui dimanche,
Tiens ma jolie maman,
Voici des roses blanches,
Toi qui les aimais tant.

24 août 2020. La chanson de l'année est un titre de Slimane et Vitaa.

Avant toi je n'avais rien,
Avant toi, on ne m'a pas montré le chemin.

Quatre-vingt-quatorze ans, le temps d'une vie.

17 août 1926. L'Olympique de Marseille est encore tout à sa joie d'avoir remporté la Coupe de France face à l'AS Valentigney 4-1.

24 août 2020. L'Olympique de Marseille est encore tout à sa joie de l'échec du PSG face au Bayern de Munich 0-1. Le club de Valentigney se prépare pour son prochain match le 13 septembre contre l'équipe Chatenois 2.

Quatre-vintg-quatorze ans, le temps d'une vie.

17 août 1926. Il est encore possible de commander chez son marchand de journaux la revue *Le Boy-Scout belge*, qui publie *Les Aventures de Totor, chef de patrouille des hannetons* du jeune dessinateur Hergé.

24 août 2020. Chez Glénat vient de sortir une bande dessinée de Noël Simsolo et Marek consacrée à François Truffaut. 176 pages. 804 grammes.

Quatre-vingt-quatorze ans, le temps d'une vie.

À propos de François Truffaut, je pensais que j'aurais eu aujourd'hui la meilleure excuse pour justifier une absence et ne pas faire ma chronique. J'avais l'excuse Antoine Doisnel.

Sauf que moi, c'est vrai.

Sauf que je n'ai plus l'âge des quatre cents coups.

Bah.

Qu'est-ce que ça fait ?

17 août 1926. 24 août 2020.

Il n'y a pas d'âge pour être orphelin.

Où est Charlie ?

4 septembre 2020

Charlie joue sur son téléphone portable. Charlie fait de la trottinette.

Charlie se met le doigt dans le nez. Charlie s'en fout. Charlie n'a plus trop envie d'embrasser un flic. D'ailleurs le flic porte un masque. Et puis Charlie aussi. Charlie s'abonne à Netflix. Charlie ne lit plus beaucoup *Charlie*.

Le 11 janvier 2015, la France unie comme un seul homme était Charlie. Et aujourd'hui, où est Charlie ?

Charlie à force d'avoir été partout pourrait se retrouver nulle part.

Charlie discute. Charlie digresse. Charlie tergiverse. Charlie s'atermoie. Charlie pense que le sujet est délicat. Charlie joue à se faire peur. Charlie écoute la membre honoraire de l'académie Goncourt quand elle se pâme devant le désespoir du terroriste. Charlie aime les sensations fortes. Charlie n'a plus le goût à rien. Charlie trouve qu'il y a du pour et du contre. Charlie, comme Dieu selon Topor, voit tout, entend tout, confond tout. Charlie s'y perd.

Charlie a des envies de meurtre. Charlie compte ses sous.

Charlie s'enferme. Charlie se tait. Charlie aurait pu devenir un emblème. Charlie est malheureux.

Alors, dans le chaos, la confusion, le n'importe quoi, une parole forte comme la simplicité, moderne comme le goût des autres, courageuse, juste, vivifiante comme celle de Patrick Pelloux sortant lundi dernier du Palais de justice :

« On doit faire vivre la démocratie, la liberté d'expression, la liberté de caricaturer, la liberté de blasphémer. C'est un moment qui est solennel, vraiment particulier, il faut saluer le fait que notre République ne s'effondre pas face au terrorisme. »

Une pensée pour Frédéric, employé de la société Sodexo chargé de la maintenance de l'immeuble, une pensée pour Michel venu en simple visiteur, en simple ami, une pensée pour Franck, policier chargé de la protection de Charb, une pensée pour Ahmed, gardien de la paix, d'une paix si difficile à défendre.

Une pensée pour les blessés, pour les survivants.

Et puis une pensée pour vous, Jean, Stéphane, Elsa, Philippe, Bernard, Bernard, Mustapha, Georges qui ne vous êtes jamais revendiqués Charlie, ce n'était pas la peine, il n'y avait pas de raison, puisque Charlie, c'était vous.

Qu'est-ce que c'est que l'avenir ?

11 septembre 2020

Qu'est-ce que c'est que l'avenir ? C'est tout ce qu'on ne peut pas prévoir. Dans les années soixante, on imaginait le futur de façon extrêmement optimiste. Avec l'avancée de la science, on ferait disparaître le cancer. Grâce à la généralisation de l'éducation, on supprimerait la guerre. On irait à New York en une heure, à peu près le temps qu'il faut pour aller dans la forêt de Sénart. En fait, c'est le contraire qui s'est passé : les jours de grand départ, on arrive dans la forêt de Sénart le temps de voler jusqu'à New York.

Vous voulez une définition de l'avenir ? Je vais vous la donner. L'avenir, c'est l'inimaginable.

Par exemple, qui aurait pensé dans les années soixante-dix qu'un jour la Cinémathèque française, le temple de la cinéphilie, le sanctuaire d'Henri Langlois, rendrait hommage à Louis de Funès ? C'était impossible à prévoir pour ceux qui, fréquentant les ciné-clubs, savaient que Truffaut n'était pas seulement une jardinerie, que Tati n'était pas seulement une enseigne de vêtements bon marché.

Pendant des années, justement, les deux seuls comiques

français qui avaient droit à l'estampille « Bon pour la cinéphilie », c'étaient Jacques Tati et Pierre Étaix.

À part le public, personne n'aimait Louis de Funès.

Et puis, Valère Novarina est arrivé. Il écrit un texte paru en 1986 aux éditions Actes Sud, réédité aux éditions P.O.L, *Pour Louis de Funès*.

Je vous lis un extrait :

Voilà l'acteur. Il est entré dans la solitude face à tous, il a franchi ses animaux, brûlé ses vêtements coutumiers. C'est un déshabillé qui nous parle. Louis de Funès, même tout couvert, on lui voit tout. Malédiction sur nous ! Qu'on lui lance un manteau ! Il n'y a rien de plus nu que l'acteur. Il n'y a pas d'état au monde plus nu, quand il a bien quitté l'humanité et qu'il est entré en solitude face à tous. Quand il a laissé mort son corps en coulisse, tombé. L'acteur n'habite pas son corps comme une maison de famille mais comme une caverne de hasard et passage obligé. C'est peut-être pour ça que les vieux acteurs sont sublimes plus légèrement : parce qu'ils ont déjà commencé dans leur corps le travail de séparation.

Les gens de la culture, soyons justes, n'étaient pas certains d'avoir tout compris, mais, le genou à terre devant Novarina, enregistraient le fait qu'il ne fallait pas rigoler avec Louis de Funès et décidèrent, comme un seul homme, de le réhabiliter au point de lui consacrer, trente-quatre ans après la sortie du livre, un hommage appuyé à la Cinémathèque.

Désormais, la Religieuse fréquente le Gendarme de Saint-Tropez, le Corniaud et Pierrot-le-Fou font bon ménage. L'Amour est à mort et la Soupe est aux choux. Désormais, avec Oscar, Fanny et Alexandre, faites sauter la banque et tirez sur le pianiste. Publiez les bans : le gendarme se marie avec la mariée qui est en noir !

Ne boudons pas notre plaisir ! De Funès est à la Cinémathèque. Les occasions de rire ne sont pas si nombreuses.

Voilà comment on te remercie, le cheval

18 septembre 2020

Voilà comment on te remercie, le cheval, toi qui pendant des millénaires as été le meilleur auxiliaire de l'homme, toi qui as été son fidèle adjoint, son compagnon, son plus proche associé, toi qui l'as aidé, assisté, soutenu, toi qui l'as servi, toi qui as donné de ta personne en demandant si peu en échange, toi qui l'as fait voyager, toi qui lui a permis de se relier avec les autres hommes, qui grâce à toi pouvaient communiquer, s'envoyer des dépêches, des messages, des correspondances, parfois des mots d'amour.

Voilà comment on te remercie, le cheval, toi qui en avais souvent plein le dos, mais avançais quand même, toi qui as labouré, tiré la charrue, toi qui as fait la guerre, traversant la misère, le froid, la neige, dans des combats qui n'étaient pas les tiens, dans des guerres perdues d'avance, dans lesquelles tu n'avais jamais rien à gagner.

Voilà comment on te remercie, le cheval, toi qui n'as jamais ménagé tes efforts, toi qui as accepté, courbant l'échine, d'être de trait, d'attelage, de selle, de course.

Voilà comment on te remercie, le cheval, toi qui as tenté de rendre l'homme meilleur, l'as fait chevalier, toi qui t'es fatigué à le distraire, à le divertir, à Auteuil, Longchamp, Enghien, le faire parier, miser, rêver, toi, pourtant capable de dormir debout, toujours aux aguets, d'un sommeil sans rêves, toi qui as fait l'admiration de tous, sur les hippodromes et sous les chapiteaux, sur la piste et les terrains de courses, oui, je me répète, toi qui as tenté de rendre l'homme meilleur, si souvent enclin à être cavalier, cavaleur, le faisant chevaleresque.

Voilà comment on te remercie, le cheval, toi, qui par délicatesse, sur les chemins de terre, perdait parfois un fer, histoire de nous porter chance, de nous redonner l'espoir.

Voilà comment on te remercie, le cheval. Et tu vas voir que mes quelques mots de sympathie et de reconnaissance vis-à-vis de toi seront critiqués par des abrutis qui me reprocheront de parler de la douleur des chevaux au lieu de parler de celle des enfants du monde entier, comme si le cœur devait faire le tri entre les enfants martyrisés, les vieillards battus, les animaux torturés, alors que l'horreur de supplicier les faibles devrait alerter chacun, à chaque fois, dans tous les cas, sans avoir besoin de passer un concours de l'ignominie, sans tenter de revendiquer la meilleure place sur le podium dans une compétition de sentiments compassionnels.

Voilà comment on te remercie, le cheval, petit cheval dans le mauvais temps aux mâchoires coupées, aux flancs lacérés, aux organes génitaux mutilés.

Oui, faut-il qu'il soit mauvais le temps pour s'en prendre à toi, cheval, tous derrière et toi devant, tout seul, face à l'homme qui, s'éloignant de son passé de chevalier, semble avoir une fâcheuse tendance à perdre son humanité.

Adieu Juliette*

25 septembre 2020

Peut-être qu'un jour on se dira que c'est en 2020 que le XXe siècle est précisément mort. Mort et enterré. Oui, le XXe siècle, dont on se souviendra longtemps avec ses guerres mondiales, ses génocides, ses crises, ses catastrophes, sa Gestapo, ses rafles et ses camps d'internement, ses inventions, ses révolutions, ses découvertes, ses voyages dans l'espace, son envie de liberté et qui, au détour d'un souvenir, d'un rêve, d'une utopie, continuait à vouloir survivre, contre toute évidence, à travers un dernier air de guitare, un furtif entrechat, une ultime chanson d'amour.

Ne vous déplaise
En dansant la javanaise
Nous nous aimions
Le temps d'une chanson.

Adieu Juliette, qui, à quatre-vingts ans passés et avec un sens parfait de l'autodérision, avait raison de continuer à chanter avec une feinte mutinerie :

* Le 23 septembre 2020 disparaissait Juliette Gréco.

Déshabillez-moi
Déshabillez-moi [...]
Pas trop vite
Sachez me convoiter
Me désirer
Me captiver.

Peut-être qu'un jour on se dira que c'est en 2020, au mois de septembre, que le XXe siècle est définitivement mort, emportant avec lui celle qui restait comme le dernier souvenir de ses aventurières et ses aventuriers, ses héroïnes et ses héros, ses personnages, ses génies, ses chansonniers, ses poètes, Boris Vian, Prévert, Sartre, Camus, et Simone de Beauvoir, et Anne-Marie Cazalis, et Ferré et Brassens et Brel et Béart et Gainsbourg. Et aussi Queneau, Raymond de son prénom, qui en tordant la syntaxe et en rigolant écrit des noirs présages sur le temps qui passe.

Si tu t'imagines [...]
fillette fillette [...]
xa va xa [...]
va durer toujours
la saison des za [...]
saison des amours [...].

Adieu Juliette qui, dans un restaurant chic, cracha dans la main du maître d'hôtel qui ne trouvait plus de place pour elle le jour où elle était justement accompagnée d'une personne de couleur nommée Miles Davis.

Peut-être qu'un jour on se dira que c'est en 2020, en septembre, le 23 très exactement, que le XXᵉ siècle est mort de sa belle mort, avec son refus farouche de se faire enfermer dans quoi que ce soit, son insolence définitive, son irrévérence joyeuse. Les mesures de restriction, le confinement, on se doute bien que ce n'était pas pour elle. Autant tirer sa révérence, autant rejoindre on ne sait où, on ne sait comment, ceux qui l'ont aimée, inspirée, passionnée. Ceux qui l'ont convoitée, désirée, captivée. Ceux qui l'ont fait vibrer, rire et chanter.

Oui, autant arriver.

Adieu Juliette. Merci madame.

Vente chez Artcurial

2 octobre 2020

C'était un événement bien parisien. Mardi dernier, à 18 heures, chez Artcurial, vers le rond-point des Champs-Élysées, on dispersait une vingtaine de manuscrits de Georges Brassens ayant appartenu à un de ses amis, récemment disparu, Fred Mella, soliste fameux des Compagnons de la chanson.

Dans la salle, du beau monde, amateurs du poète, auteurs de chansons, producteurs, hommes de radio, représentants de villes, musées, médiathèques, venus préempter ce que l'on considérait comme raisonnable de se payer avec l'argent public, et sur scène, tout en majesté, un commissaire-priseur, Hervé Poulain, professionnel aguerri, « show man » de salle d'adjudication, prenait plaisir à chauffer la salle, à citer Brassens, « le rut, le rut, le rut », et surtout à faire monter les enchères qui venaient tout à la fois de la salle, d'Internet et des téléphones.

Pour s'offrir une page manuscrite même pas remplie, il fallait compter dix mille cinq cents euros. Pour un lot d'un texte de plusieurs pages d'une même chanson, quarante-deux mille euros. Avec quinze mille, disons dix-huit mille euros, un amateur de Brassens pouvait très bien repartir avec une feuille de brouillon écrite par la main de l'anarchiste. Plus les frais de vente.

Moi qui assiste peu à ce genre de réunions, ça m'a diverti. Moi qui suis admirateur du chanteur sétois, j'ai pu constater combien son prestige était considérable. Certes, les documents n'étaient pas tous du même intérêt. Parfois, on voyait le processus de création en plein travail, la recherche obsessionnelle du mot juste, de la bonne rythmique, parfois le maître s'était contenté de recopier, pour faire plaisir, un de ses, certes, très bons textes, mais dont la finalité n'était quand même pas d'être exposés sous verre, mais chantés, écoutés, repris en chœur.

Lorsque Brassens était invité à dîner, Claude Lemesle le raconte dans un de ses livres, plutôt qu'une bouteille ou des fleurs, il apportait quelques manuscrits. Brassens était à la fois modeste et généreux, mais surtout conscient que ses textes, pour ceux qui l'aimaient, avaient une valeur, notamment sentimentale.

Comment aurait-il réagi à cette vente d'Artcurial, lui dont l'argent n'était pas le moteur, lui qui, grande vedette de la chanson, continuait d'habiter dans la modeste impasse Florimont, se contentant d'y faire venir l'eau et l'électricité, quand les cachets, les droits d'auteur et les ventes des disques Philips lui permirent de le faire ?

Oui, comment aurait-il réagi, lui qui arrachait de ses cahiers, pour les donner, des feuilles dont chacune vaut aujourd'hui autour de quinze mille euros ?

Vous connaissez l'anecdote de Picasso faisant un petit dessin en échange de repas dans un restaurant. « Oh merci, monsieur Picasso, c'est beau ! dit le restaurateur. Vous pouvez me le signer ? » « N'exagérez pas, c'est les repas que je paie, pas le restaurant. »

À la fin de la vente, une petite lettre de Georges, pas de la grande littérature, des formules de tendresse, de politesse, « Nous nous réjouissons de vous voir bientôt, [...] en attendant nous vous embrassons » : trois mille euros.

On voit par là, et bien au-delà de ce que Brassens lui-même pouvait imaginer, que l'amitié est le plus précieux de tous les biens.

À propos, Nicolas, je voulais vous dire, c'est toujours d'accord pour venir déjeuner chez vous dimanche midi. Je recopierai cette chronique à la main. C'est pas rien. La semaine dernière, Juliette Hackius, l'attachée de production du 7/9, a réussi à en vendre une un euro quarante à la foire à tout de Saint-Mandé.

James Bond ? Je me tâte…

9 octobre 2020

Daniel Craig, le sixième acteur à interpréter James Bond au cinéma, rend son tablier après quinze ans au service de Sa Majesté. Autant dire qu'il y a un emploi qui se libère, et parce que vous êtes auditeurs de France Inter, c'est-à-dire des personnes à la fois cultivées et créatives, vous vous dites : « Tiens, un gars comme François Morel, il pourrait tenir le rôle de James Bond. Il est vif, il est bien de sa personne, et surtout ça renouvellerait l'image du matricule 007. »

Vous imaginez bien que j'y ai pensé, d'autant que c'est Daniel Craig lui-même qui, lorsqu'il a pris sa décision, m'a tout de suite passé un petit coup de fil pour me prévenir, imaginant que ça pourrait être le moment pour moi d'internationaliser ma carrière, étant donné qu'il reste des contrées lointaines, en Nouvelle-Zélande ou en Patagonie, où ma notoriété n'est pas encore à son maximum. En plus, a-t-il ajouté dans sa langue maternelle, *you are perfectly bilingual, François, it would be very easy for you to put on the suit of the famous secret agent.*

Je lui ai dit : « Daniel, ne t'emballe pas, laisse-moi le temps de réfléchir. Ce serait quand même pour moi un sacré virage.

Tu sais que j'ai moi-même pas mal de projets, rien que le mois prochain, je regarde mon agenda, Auray, Le Vésinet, Courbevoie, Maisons-Alfort, Limoges, Vierzon..., je ne peux pas laisser tout en plan du jour au lendemain. »

Il m'a dit : « Je comprends bien (*I understand well*). Moi, c'est différent (*it's different*), les gens me connaissent de loin, mais en France, si j'avais une rubrique dans le genre de la tienne, ça me permettrait de nouer une relation plus intime avec le public français (*the french public*). Je lui ai donné le 06 de Laurence Bloch, et on s'est quittés bons amis.

Alors, bon, pour l'instant, les choses en sont là. Je me tâte. J'ai moi-même passé un coup de fil à Idris Elba pour savoir s'il serait intéressé par le rôle. Je l'avais trouvé formidable dans le biopic *Mandela : Un long chemin vers la liberté*. Je lui ai dit : « Bonjour mon grand, c'est Momo, dis donc, je pensais à toi. Tu sais que Daniel abandonne le rôle de James Bond, est-ce que ça te dirait de prendre le relais ? » « Oh, il me dit, je ne serais pas contre, mais vu l'ambiance générale, j'ai l'impression qu'il y a plus de chance d'avoir un James Bond né à Flers dans l'Orne qu'un James Bond de couleur. À propos, me dit-il, pendant que je te tiens, je vois que tu passes à Roubaix en décembre. Est-ce que tu crois que ce serait possible de m'obtenir une place ? » Je lui ai dit : « Écoute Idris, tu es gentil et tu sais que je t'aime beaucoup, mais avec les mesures de distanciation sociale imposant un siège vide entre chaque groupe de spectateurs, c'est pas trop le moment de réclamer des invitations. »

Il a compris. Il n'a pas insisté.

Voilà où on en est. Pour l'instant, j'avoue que je n'ai pas encore pris ma décision.

De toute façon, et je tiens à rassurer toutes mes amies plus ou moins comédiennes, plus ou moins personnalités des médias, qui déjà me sollicitent (je pense notamment à Juliette Hackius, fameuse assistante de Nicolas Demorand), je n'accepterai le rôle qu'à la condition que j'aie mon mot à dire concernant les James Bond Girls.

Reprogrammations théâtrales

16 octobre 2020

À partir de demain samedi, à l'instar des cinémas et des restaurants, les théâtres devront fermer à 21 heures. Le président de la République s'est voulu rassurant en affirmant que des reprogrammations seront organisées. Comment ? C'est évidemment la question que se posent les professionnels du théâtre. C'est pour eux le moment de faire preuve d'imagination.

Quelques pistes de réflexions…

Les pièces en trois actes pourront commencer à 19 heures, les deux premiers actes seront présentés de manière que le théâtre puisse être entièrement vidé à 21 heures. Commencerait alors, à partir de 21 heures, un entracte qui prendrait fin à 6 heures du matin, heure à laquelle rouvrirait le théâtre, afin de permettre au public de savoir à la fin du troisième acte si Georges Dandin va continuer à être cocu ou pas, si Argan du *Malade imaginaire* va finir bien portant ou pas, si Scapin sera pardonné de ses fourberies.

Vers 7 h 30, on s'arrangera pour que les acteurs saluent devant le public, qui, naturellement, devra éviter de leur faire un triomphe, s'il ne veut pas être en retard sur son lieu de travail.

Cette piste de réflexion, cependant, n'est pas idéale, puisque la règle des six (pas plus de six personnes dans les réunions, y compris en famille ou entre amis) ne pourra pas être respectée dans le cas où l'on jouerait ces pièces de Molière. *Dandin* compte huit personnages, *Le Malade* douze et *Les Fourberies de Scapin* douze également, si l'on compte les deux porteurs.

Il serait donc préférable pour les metteurs en scène, à partir de samedi, de programmer Samuel Beckett, dont les pièces, et il faut le remercier, sont particulièrement adaptées aux périodes de pandémie. *Fin de partie*, quatre personnages. *Oh les beaux jours*, deux personnages, dont un parfaitement muet qui ne risque pas de postillonner sur sa partenaire. *La Dernière Bande*, bel effort monsieur Beckett, un acte, un personnage. Même *En attendant Godot* pourra continuer à être joué normalement : quatre personnages. C'est parfait. La question reste de savoir si le public acceptera de revenir à 6 heures du matin pour être sûr et certain que Godot n'apparaîtra pas avant la fin de la pièce, le suspense étant largement émoussé.

La commedia dell'arte pourrait, même au-delà des quelques semaines de couvre-feu, connaître un regain d'intérêt, puisque, pour jouer Arlequin, Pantalon, Matamore ou Brighella, le masque est déjà quasiment obligatoire.

Comme lors des rencontres sportives, on pourrait également demander aux acteurs de continuer à jouer dans des salles sans public dont on aurait précédemment enregistré les rires et les applaudissements. Double avantage : les spectateurs qui roupillent dès le début du spectacle pourront faire toute leur nuit chez eux, les comédiens qui ont des bambins ne seront pas obligés d'être présents à l'heure du bain et du dîner des enfants.

Surtout, gens de théâtre, gardez le moral ! Souvenez-vous comment, lors d'un des derniers couvre-feux de l'histoire, au temps des « Ausweis », de la Kommandantur et des excursions avec cochon dans les valises entre le 45, rue Poliveau et la rue Lepic, la scène parisienne était florissante, dynamique, grâce notamment à Claudel, Sartre, Cocteau, Guitry, Bourdet, Sarment, Anouilh, Montherlant !

Comme beaucoup se souviennent avec nostalgie des années 1940, bientôt, vous verrez, nous regretterons les années 2020…

Vague à l'âme

23 octobre 2020

Les mots de Robert Badinter ce mercredi matin, au micro de Léa Salamé :

En cette période que je considère comme une période d'épreuve et de deuil national, […] je tiens à saluer la mémoire d'un homme qui à sa manière est pour moi un héros tranquille. Dans le corps enseignant aujourd'hui, il y a ainsi des femmes et des hommes qui s'exposent, et qui s'exposent pour nous, pour la République, qui tiennent bon les valeurs essentielles sans lesquelles la République n'existe plus […]. C'est un héros de la liberté, un héros tranquille, un héros anonyme, un héros comme il y en a tant, mais qu'il soit salué, qu'on se taise, qu'on rende hommage, que l'on ne se déchire pas autour de projets de lois, la question en cet instant n'est pas là, elle est d'abord dans le témoignage que la nation doit rendre de reconnaissance à ces femmes et ses hommes qui assument une fonction si difficile et sans lesquels nous ne pourrions plus espérer vivre dans la liberté. On ne le dira jamais assez, on a parlé beaucoup de la noblesse du métier d'enseignant, mais c'est une question de courage tranquille. En dépit de toutes les menaces, en dépit du terrorisme islamique, en dépit de tous ceux qui voudraient supprimer la liberté, moi, je continue, je continue à ma place, je continue à dire aux enfants : « Voilà le chemin de la vérité et voilà le chemin de la République. »

Je retiendrai tous les propos de Badinter, mais ce matin simplement deux phrases.

La première : « Que l'on ne se déchire pas autour de projets de lois ». Et je repensais à ce passage dans le livre *Yoga,* quand Emmanuel Carrère évoque un pays des Balkans où le personnel politique était la cible d'attentats incessants et où on avait voté une loi disant : « Tirer sur le ministre des Finances, quinze ans de prison. Tirer sur le ministre de l'Intérieur, vingt ans. Tirer sur le grand chambellan, dix ans. Il est interdit de tirer sur le Premier ministre. »

Il n'est sans doute pas utile de créer une loi en France pour notifier qu'il est interdit de décapiter un professeur d'histoire, une autre pour interdire les ignobles propos haineux des pousse-au-crime.

Je retiendrai une autre phrase de Badinter : « Que l'on se taise. »

« Que l'on se taise », le meilleur conseil, la meilleure injonction, pour ne pas ajouter à la confusion, au désordre, au n'importe quoi, ne pas mêler sa voix à toutes les paroles lancées à tort et à travers, quand on aurait besoin d'actes et de silence.

Mais le silence à la radio est périlleux…

Peut-être alors juste écouter la mer, le bruit des vagues, le chant du ressac, le vague à l'âme… S'imaginer sur une plage et laisser son regard se perdre jusqu'au lointain…

Et le silence, le silence choisi comme marque de respect, de reconnaissance, de tristesse partagée et, dans ce creux de la vague des valeurs républicaines, ne pas pouvoir s'empêcher de penser à tous les silences qui ont précédé, quand les hussards de la République ne trouvaient que le vide, lorsqu'ils réclamaient un peu de soutien auprès de ceux qui préféraient ne pas faire de vague…

Le silence pour saluer le héros tranquille.

Confinements

30 octobre 2020

Je me souviens, le premier confinement, je ne l'avais pas mal pris. Il avait fait beau, on mangeait dehors. Je dînais à heure fixe, ça me changeait. Je réussissais à perdre du poids. J'écrivais. J'ai travaillé mais de manière différente. J'ai regardé des séries. Et puis, surtout, j'ai profité de mes proches. Ce fut une parenthèse pas désagréable. Tous les soirs à 20 heures, comme tout le monde, j'applaudissais le personnel hospitalier. Je me disais que ce n'était pas si mal un pays qui, plutôt que son économie, privilégiait notamment la vie de ses vieux.

Le deuxième confinement, j'ai moins aimé. D'abord, plutôt que vers le printemps, on allait vers l'hiver. On était un peu démoralisé. On se demandait combien de temps ça allait durer, s'ils allaient bientôt réussir à trouver un vaccin. Le soir, à 20 heures, on n'applaudissait personne. C'est pas quand on met les radiateurs qu'on va ouvrir les fenêtres en grand.

Le troisième confinement, c'est là que la vente des chiens a explosé. C'était encore le meilleur moyen de justifier les promenades en ville. Ceux qui n'avaient pas les moyens de s'acheter un chien s'achetaient juste une laisse. Quand ils croisaient des gendarmes, ils se mettaient à courir la laisse à la main en criant : « Sultan ! Sultan ! Reviens ! Reviens Sultan, reviens ! »

Le quatrième confinement, c'était l'anniversaire de la mort de Samuel Paty. Certains ont eu l'idée (ça partait d'une bonne intention) d'applaudir tous les soirs à 20 heures les professeurs des écoles, des collèges, des lycées. Ça a fait des polémiques. Certains ont pensé que ça pouvait passer pour une provocation.

Le cinquième confinement, je ne m'en souviens plus trop. Je crois que j'ai commencé à boire le premier jour et je suis resté torché pendant les six semaines. Je buvais. Parfois, je vomissais pour faire de la place. Puis je rebuvais...

C'est surtout à partir du sixième confinement que j'ai repris du poids.

Je me souviens qu'entre le septième et le huitième confinement, je ne suis même pas sorti de chez moi, j'avais perdu l'habitude.

Pendant le neuvième confinement, en ouvrant la fenêtre, j'ai le voisin d'en face qui travaille dans le BTP qui m'a crié : « Vu votre nouvelle silhouette, vous devriez peut-être faire élargir vos portes au cas où vous auriez envie de ressortir de chez vous entre les deux prochains confinements. » « De quoi je m'occupe ? », j'ai répondu en refermant la fenêtre.

Le dix-septième confinement, je me souviens, on a regardé plein de films, des vieux trucs, des comédies sentimentales. Les enfants étaient quand même étonnés, ils ne comprenaient pas, quand ça finissait bien, pourquoi le monsieur et la dame se sentaient obligés de se frotter la bouche l'une contre l'autre, parfois même de sortir la langue en guise de contentement ? « C'est dégueulasse, ils disaient, c'est pas hygiénique, et puis ça sert à rien… »

On ne leur répondait pas trop, on avait peur de passer pour des parias, on avait de la nostalgie…

Voilà. J'arrive bientôt à mon vingt-troisième confinement. D'une certaine manière, ça passe vite, la vie confinée, quand on est dans la torpeur.

Pour les jeunes, on est des dinosaures. Ils nous demandent : « Mais avant, quand ça n'existait pas les confinements, qu'est-ce que vous pouviez bien faire toute la journée à traîner dehors ? Et pourquoi vous étiez obligés d'être en présentiel pour prendre un apéro avec des potes, alors qu'avec Zoom c'est tellement plus pratique ? »

On fait comme si on n'entend pas.

On attend la nuit pour pouvoir faire des rêves de baisers, de poignées de mains, d'étreintes, de terrasses, de cinémas, de théâtres. Nos rêves d'aujourd'hui, c'était le quotidien d'hier.

La principale information de ces dernières heures

6 novembre 2020

Aujourd'hui, je reviens sur la principale information de ces dernières quarante-huit heures. Différents envoyés spéciaux, grands témoins, commentateurs divers seront avec moi en duplex pour analyser, pour tenter de comprendre ce qu'il faut bien appeler un véritable tremblement de terre médiatique sur la planète people, je veux parler de l'article que vient de faire paraître la revue *Gala* sur son site. Je rappelle l'information, même si je me doute que vous en avez déjà pris connaissance : il n'y aurait pas eu d'histoire sentimentale entre la fameuse actrice Marlène Jobert et l'ancien président de la République Valéry Giscard d'Estaing.

En effet, Marlène Jobert et Valéry Giscard d'Estaing font l'objet d'une rumeur persistante : ils auraient eu une liaison en 1973. Marlène Jobert a toujours démenti, alors qu'avant-hier elle fêtait son anniversaire.

Un envoyé spécial dont nous tairons la situation géographique, afin de ne pas déranger la tranquillité à laquelle la grande actrice a droit, est en ce moment même au pied de sa résidence. Antoine ?

— Oui, en effet, je suis exactement au pied de la résidence de Marlène Jobert, c'est extraordinaire ce que nous sommes en train de vivre. L'actrice n'est pas apparue ce matin, et je n'ai pas pu avoir confirmation de sa présence ou non dans ses lieux de vie, puisque le café-brasserie qui fait face à sa résidence est actuellement fermé à cause des mesures de confinement.

— Oui, quelle ambiance, Antoine ?

— Ben, j'ai pas regretté d'avoir mis un gilet parce qu'il fait pas si chaud.

Merci Antoine, évidemment, vous n'hésitez pas à intervenir si l'actualité l'exige.

Alors, coïncidence, cette affaire reparaît pile au moment où justement l'ancien président de la République sort son dernier roman, *Loin du bruit du monde*. J'ai la chance d'avoir au bout du fil le grand acteur Jacques Weber, qui a accepté d'intervenir sur cette affaire, et je l'en remercie très sincèrement. Vous avez, d'une part, Jacques, dans une série de spectacles il y a quelques années au Théâtre de la Madeleine, interprété la figure de l'ancien président Giscard d'Estaing. Il se trouve que, d'autre part, vous exercez la même profession que Marlène Jobert. Pour ces deux raisons, je pense qu'il était intéressant de solliciter votre sentiment…

— Oui, d'abord, si vous le permettez François, j'aimerais revenir sur un mot que vous avez prononcé. Vous parlez de « coïncidence », je ne pense pas qu'il y ait à proprement parler de coïncidence. Le livre du président sort jour pour jour le lendemain de l'anniversaire de Marlène Jobert, c'est vous-même qui l'avez signalé il y a quelques instants. Si c'est une

coïncidence, avouez que c'est une coïncidence qui fait sens, c'est une coïncidence qui interroge… Et je n'irai pas plus loin, je laisse à chaque auditeur, dans le secret de son cœur, de son cœur et de sa raison naturellement, le soin de réfléchir et de se faire une opinion par lui-même. Par ailleurs, je voudrais dire…

Merci beaucoup Jacques, je suis obligé de vous interrompre, car nous sommes en liaison avec monsieur Saladin, laitier retraité, qui, avec son camion, en 1974, aurait percuté la voiture du président de la République, alors que celui-ci était en galante compagnie.

— Ah non, non, j'étais pas en galante compagnie, qu'est-ce que vous racontez ? J'ai toujours fait ma tournée tout seul, car justement je n'étais pas assuré pour être accompagné !

— Non, je parlais du président de la République…

— Ah oui, monsieur Macron ?

— Non, monsieur Giscard d'Estaing.

— Ça me dit rien. C'est vieux tout ça… En revanche, monsieur Sarkozy, je l'ai vu en septembre, à l'espace culturel Leclerc, il a signé un livre pour ma femme.

Merci monsieur Saladin. Voilà, pour l'instant, ce que l'on pouvait dire de cette affaire concernant la liaison Giscard-Marlène Jobert. Nous n'hésiterons pas naturellement à bouleverser les programmes si l'actualité l'exigeait.

Le bonheur peinard

13 novembre 2020

Alors on ne peut plus utiliser sa voiture sans culpabiliser.

On ne peut plus tenir la porte aux dames sans passer pour un dragueur.

Bientôt on ne pourra plus s'asseoir sur l'herbe, sinon on écrase les insectes rares.

Alors on ne peut plus jeter un sac plastique, sous prétexte qu'il va finir dans l'océan.

On ne peut plus mettre la main aux fesses de sa secrétaire sans passer pour un obsédé sexuel.

Bientôt on ne pourra plus abattre un éléphant, alors qu'il n'y a pas plus joli qu'une statuette en ivoire.

Alors on ne peut plus demander aux enfants de nous faire des gâteries, sous prétexte que ça contrarie les ligues de vertu.

On ne peut plus, le matin, laisser la lumière allumée quand on part de chez soi, alors qu'on revient le lendemain au plus tard.

Bientôt on ne pourra plus faire ses vidanges de voiture,

sous prétexte que l'huile usagée peut polluer la nappe phréatique pendant des dizaines d'années.

Alors on ne peut plus faire l'amour à une personne qui nous plaît, sous prétexte qu'elle ne serait pas consentante.

On ne peut plus se brosser les dents sans s'obliger à fermer le robinet.

Bientôt on ne pourra plus laver sa bagnole pendant la canicule.

Alors on ne peut plus avoir à notre service des niakoués ou des bamboulas pour faire la lessive, la cuisine, le ménage et garder les enfants, sous prétexte que dix-huit heures par jour et non payé, ce serait apparenté à de l'« esclavage moderne ».

On ne peut plus manger de fraises en hiver, sous prétexte que ça réchauffe la planète.

Bientôt on ne pourra plus boire un Martini on the rocks sur une terrasse chauffée, sous prétexte que le bilan carbone serait catastrophique.

(Depuis le samedi 7 novembre, la campagne du Comité interprofessionnel des palmipèdes à foie gras est terminée, et nombreux sont les auditeurs de France Inter qui regrettent déjà ces publicités si souriantes et progressistes. Aujourd'hui, comme un bouquet final de feu d'artifice, j'ai décidé d'offrir gratuitement un dernier message au confit de canard.)

Alors on ne peut plus rentrer chez soi quand on s'est torché avec les copains, alors que personnellement je ne roule jamais aussi bien que quand j'ai un coup dans le nez.

On ne peut plus crever les pneus de la bagnole de son voisin avec qui on a eu un différend, sous prétexte que ce serait du « harcèlement ».

Bientôt, on ne pourra plus se faire justice soi-même, alors que les tribunaux sont déjà encombrés.

Heureusement qu'il nous reste le confit de canard. Un bon confit de canard vite fait, au four, sans chichi, accompagné de patates sautées à l'ail, en refaisant le monde dans la cuisine avec les potes, hein !

On ne va pas nous l'piquer, ça.

Le confit de canard, hum, le bonheur peinard.

L'histoire des caricatures

20 novembre 2020

L'histoire des caricatures qui, pendant des années, avait enflammé les esprits était heureusement devenue de l'histoire ancienne. Elle s'était résolue notamment grâce à l'interdiction des caricatures insultantes. Les caricatures avaient naturellement droit de cité, mais elles se devaient respectueuses.

Certains esprits forts moquèrent un oxymoron qu'ils trouvèrent hypocrite. Une caricature respectueuse, c'était aussi crédible qu'une tendre fatwa, un terroriste exquis, une sympatoche décapitation. Heureusement, la voix de la raison fut entendue.

Charlie Hebdo, *Le Canard enchaîné* et *Siné Mensuel*, notamment, purent continuer de paraître, mais sous certaines conditions. Le CRLS, Comité de régulation de la liberté satirique, composé de différents mandataires institutionnels, ainsi que des représentants des principales religions, surveillait la liberté forcément irréfléchie de ces aimables mais inconscients artistes qu'étaient les dessinateurs de presse.

Chaque année, à l'Élysée, une grande fête était organisée au cours de laquelle le chef de l'État, dans une ambiance bon enfant, venait saluer les caricaturistes en morigénant dans un grand sourire celui qui lui avait rendu le nez un peu trop long, cet autre qui avait exagérément épaissi ses sourcils.

La situation aurait été parfaitement apaisée s'il n'y avait eu cette vague d'attentats liée à la minijupe, qui, pour certains, était considérée comme une insulte insupportable à leur croyance et à leur Dieu.

De nombreux responsables politiques, de gauche ou de droite, montèrent au créneau pour éteindre l'incendie et mettre en avant la notion de déshabillé couvert, de sexy pudique. La minijupe avait tout à fait le droit d'être portée, même dans la sphère publique (bien sûr ! qui serait assez fou pour l'interdire !), mais à condition qu'elle fût portée nettement au-dessous du genou, idéalement jusqu'à l'extrémité des doigts de pieds, qui n'étaient pas, quand ils étaient à découvert, et si vous êtes honnêtes, vous en conviendrez, dénués de charge fortement érotique.

Quand la minijupe allongée fut la seule tenue acceptée pour les femmes, on crut, à tort, que le temps de la tranquillité était venu. Au collège Samuel-Paty, un scandale éclata, quand un cours de SVT consacré à Charles Darwin fut interrompu par des élèves qui, accompagnés de leurs parents, jugèrent indigne que l'école de la République mette en avant une théorie qui allait à l'encontre de ce que leur apprenait leur légitime croyance.

Beaucoup de responsables politiques (heureusement qu'ils étaient là) montèrent au créneau pour expliquer que ce n'était pas l'heure d'envenimer la situation, que l'on pouvait très bien parler de biologie, de géologie, de tout ce qui avait un lien avec le monde vivant, la terre et la nature, sans forcément évoquer le père du darwinisme !

Une fois de plus, on salua le bon sens général, et chacun convint par ailleurs que le programme scolaire, déjà suffisamment chargé, n'avait pas besoin de s'encombrer de notions si sujettes à caution.

C'est ainsi que s'arrêta cette chronique, de façon provisoire.

Les feuilles tombent, les feuilles sont tombées

27 novembre 2020

La seule actualité tangible, si vous prenez la peine de sortir de chez vous, si vous en avez le droit, si vous avez signé votre attestation, la seule véritable nouvelle, celle qu'on ne peut pas contredire, celle qui ne fera pas débat, qui ne fera l'objet d'aucune polémique, c'est que les feuilles tombent. C'est que les feuilles sont tombées. C'est qu'on est en automne et que bientôt ce sera l'hiver.

Pourquoi les feuilles tombent à l'automne ? Parce qu'elles n'ont rien d'autre à faire, parce qu'elles en ont assez, parce qu'elles ont bien vécu. Elles sont nées au printemps. Elles ont passé un bel été. C'est, pour elles, le moment de lâcher prise.

« Que voulez-vous, se disent-elles, mélancoliques et résignées, on a fait notre temps… »

Et puis, elles s'aperçoivent bien qu'elles n'ont plus la même vigueur, la même force, la même santé. Elles ne sont plus les mêmes. Elles n'ont plus la verdeur de leur belle saison. Imperceptiblement, elles ont changé d'aspect, de nature, de couleur. Elles deviennent jaunes, rouges, ocre, orange, marron, blond vénitien.

« Que voulez-vous, se répètent-elles dans un sourire triste, comme pour se convaincre, se persuader que leur finitude pourrait pour d'autres être une chance à saisir, place aux jeunes… »

Et elles tombent, subrepticement, incognito, dans le secret de leur peine, ou par grand vent. Elles tombent, sans un cri, comme elles ont vécu. Sans un mot, sans larmes, sans sanglot, sans drame.

Oh, elles ne souffrent même pas (Comme elles tombent bien, dans ce trajet si court de la branche à la terre…). Elles se détachent, naturellement, de la vie. Elles tombent. Comme on tombe de fatigue. Comme on tombe de sommeil. Comme après les jours de splendeur on tombe de haut.

Et l'arbre, lui, reste impassible, impérieux, dans son dépouillement orgueilleux, dans son dénuement dédaigneux. Il sait bien que, si les feuilles sont mortes, c'est pour lui, uniquement pour lui, afin que lui, seigneur et maître, puisse continuer à dominer, à perdurer. Que voulez-vous, c'est leur destin, leur karma… Comme des premiers ministres, les feuilles sont les fusibles du hêtre, du marronnier, du châtaignier. Elles sautent en vol dès que la situation devient critique, au service de l'arbre intouchable, souverain, présidentiel.

Les feuilles sont des guerriers qui tombent pour la patrie, elles meurent pour que l'arbre demeure, elles périssent pour que l'arbre persiste. Bien sûr, il y aura un long hiver, la froidure, le gel, la neige, les atteintes de toutes sortes, mais l'arbre, phénix végétal, sortira de sa torpeur hivernale et bientôt reverdira. Le feuillage des cyprès, les aiguilles des ifs, qui n'ont pas le même sens du sacrifice, regardent cette immolation avec la plus vive circonspection.

Forcément, ça ne laisse personne indifférent, puisque c'est la principale information que l'on peut vérifier si on met le nez dehors, si on en a le droit, si on a signé son attestation.

Les feuilles tombent. Les feuilles sont tombées. C'est vraiment l'automne.

Merci pour la tendresse*

4 décembre 2020

C'était le genre de femme qu'il ne fallait pas emmerder. À qui l'on ne faisait pas faire ce que l'on voulait. Qui n'aurait jamais écouté les directives d'un directeur artistique. À qui l'on n'aurait jamais osé dire ce qu'elle devait chanter, comment elle devait se coiffer, s'habiller, remodeler son visage, composer son récital. C'était le genre de femme qui n'était pas facile, jamais complaisante, pas polie, pas commode, incapable de petitesses ou de compromissions.

C'était le genre de femme qui était libre.

C'était le genre de femme qui chantait le féminisme, avec force et passion. Qui avait des convictions et qui, dès 1973, préparait le terrain du combat de Simone Veil en chantant : « Non, non tu n'as pas de nom. »

C'était une personne de passion, de rire, de colère, de tristesse, de paroles, de musiques, de chansons, exigeante, intransigeante, dont le portrait serait forcément incomplet si, en le dressant, on oubliait le mot « dignité ».

C'était le genre d'artiste qui s'intéressait aux autres, qui

* Le 30 novembre 2020 disparaissait Anne Sylvestre.

allait les découvrir dans les petites salles, qui connaissait leur répertoire, sinon par cœur, au moins par le cœur.

C'était le genre de chanteuse devant qui l'on devait soigner ses compliments. Non, elle n'était surtout pas un Brassens en jupon. Aurait-on dit de Brassens qu'il était une Sylvestre à caleçons ? C'était le genre de chanteuse à qui l'on avait intérêt de ne pas dire qu'elle était du niveau de Léo Ferré. D'ailleurs, elle n'aimait pas Léo Ferré, même si c'était une habituée de son Forum à Ivry.

C'était le genre d'interprète qui ne supportait pas qu'on lui réclame ses chansons les plus connues. Comme une mère qui avait tendance à préférer ses enfants moins avantagés par la nature, sous prétexte que, sans doute, ils avaient besoin de plus d'amour que les autres, elle avait un faible pour ses chansons moins chanceuses.

C'était le genre de femme dont le sourire était un cadeau.

C'était le genre de femme qui avait ses fidélités, à Roger Riffard et tous les autres, Bernard, Nathalie, Yves, Gérard, Romain, Juliette, Gauvain, à tant d'autres, à des lieux où on la recevait comme ce qu'elle était, une grande dame de la chanson française qu'il ne fallait surtout pas considérer comme une grande dame de la chanson française, au Train Théâtre de Portes-lès-Valence, aux Bains-Douches de Lignières, au festival de Barjac, à Brioux, aux Scènes du Golfe de Vannes, où encore récemment elle chantait, à tant d'autres.

C'était le genre d'artiste unique, enragée, blessée, dont les larmes n'étaient jamais de sensiblerie, dont le rire n'était jamais bas, que Juliette a joliment saluée en tweetant : « Au revoir, sorcière. »

C’était une chercheuse qui ne s’endormait jamais sur les lauriers de l’habileté, dont le projet encore récent était de tenter d’écrire des chansons plus courtes.

C’était une chanteuse que l’on avait envie d’embrasser et qui mérite notre reconnaissance, une amie d’autrefois qui reste une amie de toujours, à qui l’on voudrait dire simplement dans un sourire : « Merci, merci pour la tendresse. »

Pas le physique

11 décembre 2020

Personnellement, j'ai regretté que Trump succède à Obama. Je dis « personnellement », mais c'est très exagéré, j'ai regretté comme tout le monde à France Inter, à Radio France, même comme tout le monde parmi les gens que je fréquente. Je suis le type (et tous ceux qui détestent le service public vous le diront), je suis le type même du bobo moutonnier banal qui pense moyen.

Je me permets cependant ce matin, exceptionnellement, et je m'en excuse par avance auprès de mes louangeurs habituels (je présente mes excuses également à mes contempteurs, à qui ce matin je ne donnerai pas de grain à moudre), de faire un petit pas de côté, afin, en cette semaine d'affaire Bismuth et de procès des écoutes, de prendre la défense de Nicolas Sarkozy.

(Ce qu'il ne faut pas faire pour attirer un peu l'attention de l'auditeur, afin de continuer à participer à la matinale la plus écoutée de France et de permettre ainsi à France Inter de rester la première chaîne de France…)

Oui, je prendrai la défense de Nicolas Sarkozy, que l'ancien président américain Barack Obama a présenté ainsi dans le premier tome de ses mémoires : « Avec sa peau mate, ses traits expressifs, vaguement méditerranéens (son père était hongrois, son grand-père maternel juif grec), et de petite taille (il mesurait à peu près un mètre soixante-six, mais portait des talonnettes pour se grandir), on aurait dit un personnage sorti d'un tableau de Toulouse-Lautrec. » Plus loin, il parle de « sa poitrine bombée comme celle d'un coq nain. »

Je ne dis pas qu'il ne m'est pas arrivé moi-même de critiquer l'ancien président français, voire de l'attaquer de manière assez basse. Je ne dis pas. Mais c'était lors de rencontres informelles et privées. Parce que pardon, monsieur Obama, mais Sarkozy, il est à nous. Il arrive parfois que je critique mon épouse de façon injuste et cruelle, mais seulement devant elle, et je ne supporterais pas d'entendre le quart de la moitié du commencement d'une critique prononcée à son sujet par quiconque d'autre que moi.

Ça va, monsieur Obama, vous êtes grand, vous vous sentez beau, puissant, mais ça va, moi aussi je suis invité par François Busnel. Alors, franchement, la description physique que vous faites de monsieur Sarkozy et qui pourrait se résumer par un « nain basané juif et monstrueux » (oui, monstrueux, revoyez les peintures de Toulouse-Lautrec !), ne vous grandit pas, ce dont vous vous foutez sans doute puisque vous mesurez déjà un mètre quatre-vingt-cinq.

Il met des talonnettes, Sarkozy ? Et alors ? Et si ça lui plaît ? Et si ça lui fait plaisir ? Et s'il se sent mieux avec, vu qu'en plus ça absorbe les vibrations au niveau de sa voûte plantaire ?

Sur la cour de récréation, on disait : « Oh non, pas les affaires ! » Dans le débat public, on devrait dire : « Pas le physique ! »

Monsieur Obama, pardon ; mais Sarko, nous, on a le droit de le critiquer comme on veut, quand on veut, quand ça nous fait plaisir.

Mais vous, vous n'y touchez pas. Sarko, il est à nous.

J'aurais dû faire curé!

18 décembre 2020

Chacun a ses manies, chacun a son histoire,
La mienne comme d'autres est assez dérisoire :
J'aime aller me vêtir vers les huit heures du soir
En prince ou en mendiant devant un auditoire.
J'aime prendre l'habit de Tartuffe ou d'Alceste,
De Ruy Blas ou d'Ubu. Je suis un palimpseste
Sur lequel sont inscrits des rôles qui s'effacent,
Dont il reste des bouts avec le temps qui passe.
J'aime aller me changer pour être un personnage,
Devenir quelqu'un d'autre et vivre davantage.
J'aime aller m'affubler du nez de Cyrano,
Passer une rhingrave, une cape, un manteau.
Enfiler un costume et changer d'apparence,
Ça a moins d'intérêt en visioconférence.
Parce qu'en ce moment triste est mon quotidien,
Si je ne peux pas jouer, je ne sers plus à rien,
Alors que mon beau-frère, et ça c'est pas logique,
Il peut servir la messe en habits liturgiques.
Dans sa petite paroisse, il absout les péchés
En chasuble, en soutane, j'aurais dû faire curé!

Chacun a ses usages, chacun a ses rituels,
J'ai des défauts, c'est sûr, mais je suis très ponctuel :
À l'heure où l'employé a fini son service,
Jouissant de son foyer, moi je suis en coulisses.
Je récite mon texte une dernière fois,
Je mets du fond de teint et j'exerce ma voix,
Je salue des amis régisseurs, comédiens,
Valets de comédie, barbons ou musiciens,
Comiques, tragédiens, vedettes, figurants,
Tous en déséquilibre au bord du firmament.
Et j'attends le moment avec espoir et crainte
Où la salle d'un coup sera enfin éteinte.
Et moi qui, dans la vie, suis un type banal,
Je soulève un public de façon colossale!
Mais depuis trop longtemps me voilà empêché
D'exercer mon art ou juste mon métier,
Surtout qu'après souvent le spectacle fini
On boit quelques godets, enfin on se finit,
Alors que mon cousin, le salaud, l'animal,
Grâce à un rituel d'ordre pontifical,
Au sein de sa paroisse, et ça me désespère,
Écluse les burettes, j'aurais dû faire vicaire!

On ouvre les mosquées, les temples, les églises,
Les synagogues aussi, il faut que je te dise,
Les théâtres, vois-tu, comme des sanctuaires
Réunissent parfois des volontés contraires.
Certains croient dans le Ciel et d'autres n'y croient pas,
On ne demande rien et chacun fait son choix.

Note bien que tous ceux qui en Dieu ne croient pas
Recherchent des réponses, rêvent d'un au-delà.
À l'orchestre, au balcon, assis dans leur fauteuil,
Sans se mettre à genoux, ils prient et se recueillent.
Car vois-tu, un théâtre est un geste barrière
Contre les fanatiques et tous les mortifères.
Le théâtre combat les superstitions.
Un théâtre fermé est une aberration.
Je ne peux pas jouer et j'en suis malheureux,
J'ai besoin de la scène éclairée de ses feux.
J'ai besoin du public et de l'entendre rire,
Et le sentir ému et pleurer et frémir,
Alors que mon papa, qu'est pas un méchant mec,
Rassemble ses fidèles, j'aurais dû faire évêque !

Noël

25 décembre 2020

Enfin une bonne nouvelle en cette matinée du 25 décembre, la tournée du Père Noël s'est bien passée. Elle a pu avoir lieu dans des conditions à peu près normales, et ce matin, dans la plupart des foyers, les jouets des enfants sont au pied du sapin. Ce n'était pas gagné. Les inquiétudes étaient sérieuses. Les chausse-trapes nombreuses.

D'abord, quelques semaines avant la nuit de Noël, un mouvement syndical est né en Laponie. Les rennes se sont légitimement inquiétés auprès du ministère du Travail. Devaient-ils participer à une tournée qui leur semblait particulièrement aventureuse, étant donné qu'elle était conduite par une personne qui non seulement n'était pas toute jeune, mais qui, de surcroît, si elle n'était pas à proprement parler obèse, présentait tout de même un surpoids évident, que l'on pouvait facilement remarquer en consultant ses représentations traditionnelles ?

La Mère Noël, elle-même, qualifiée à l'occasion de traîtresse par le Père Noël, a renchéri, faisant la liste des pathologies de son mari et remarquant perfidement que, vu son âge et sa corpulence, il lui était de plus en plus difficile de passer par les cheminées.

Le Père Noël a tenu bon, a signé toutes les dérogations nécessaires, acceptant même de ne pas être assuré. Il s'est d'ailleurs rendu compte à cette occasion que sa police d'assurance ne l'aurait de toute façon pas couvert, puisqu'elle stipulait dans un alinéa invisible, situé en tout petits caractères au bas de la page 423, que l'assuré n'aurait droit à rien, si son activité avait lieu dans la nuit du 24 au 25 décembre.

Le Père Noël a promis, devant les autorités étatiques, la Mère Noël et ses caribous syndiqués, qu'il respecterait scrupuleusement tous les gestes barrières. Il a tenu sa promesse de façon exemplaire, puisqu'il s'est arrangé, et vous pouvez en avoir confirmation auprès des rejetons de votre entourage, pour qu'aucun enfant ne puisse le croiser pendant la nuit, même l'apercevoir.

On peut vraiment féliciter et remercier le Père Noël.

D'autant que sa tournée n'a pas été une promenade de santé, puisque, entre chaque foyer, il s'est obligé à se laver les mains avec la solution hydroalcoolique qu'il avait pris soin d'emporter dans de grands jerricans remplis jusqu'à ras bord. Très régulièrement, il changeait de masque chirurgical, qu'il veillait après usage à ranger dans les grandes poches de sa houppelande rouge, plutôt que de les laisser traîner parmi les étoiles ou sur la Voie lactée.

À propos, si des enfants nous entendent, le mieux serait de patienter un petit peu et de ne pas se jeter sur les cadeaux (on n'est jamais trop prudent!) Les cadeaux sont bien emballés dans leurs papiers enrubannés, laissons passer un petit peu de temps avant de les ouvrir (un quart d'heure, une demi-heure, trois jours), afin d'être bien sûr qu'ils ne portent aucune trace de contamination.

Joyeux Noël à tous.

Uchronie 2022

1er janvier 2021

Le 1er janvier 2022, souvenez-vous, on avait peine à se souhaiter la bonne année.

L'année 2021 avait été si idéale qu'on se doutait bien que l'année à venir ne pourrait être aussi parfaite.

Chaque jour de l'année 2021 avait été une pluie de roses, au point qu'on se demandait quand s'arrêterait une pareille félicité, le bonheur sans nuages risquant à la fin de devenir lassant.

Cet enchantement continu avait quasiment commencé sur France Inter par une chronique à 9 heures moins 5, en forme d'uchronie, qui avait d'abord laissé les auditeurs perplexes, supposant qu'elle ne pouvait sortir que de l'esprit fantaisiste d'un innocent, ravi de la crèche.

Mais très vite, et à la surprise générale, on s'aperçut qu'effectivement les bonnes nouvelles, chaque jour de l'année 2021, s'enchaînaient les unes après les autres avec une régularité telle que les habituels porteurs de mauvaises nouvelles, sollicités par toutes les chaînes d'information, furent obligés de mettre la clé sous la porte.

Le vaccin contre le coronavirus fut un succès total.

L'épidémie régressa au point de disparaître totalement et de n'être plus qu'un mauvais souvenir. Les femmes enfin purent se remettre du rouge à lèvres, les hommes à bec-de-lièvre durent à nouveau se faire pousser les moustaches. Les masques tombèrent, et les sourires réapparurent.

Le monde artistique connut l'habituel regain d'activité et d'inspiration qui suit les guerres. Les films *Le Confiné*, *Le Retour du confiné*, *Le Confiné de Saint-Tropez*, *Le Confiné et les Extraterrestres*, *Le Dîner de confinés* furent les grands succès qui dopèrent l'activité cinématographique, tandis que, sur les boulevards, la pièce *Ma femme a racheté du PQ* amorça à Paris un triomphe international, le rôle de Chantal Ladesou repris sur Netflix par Nicole Kidman. Au théâtre de l'Odéon, à la Colline, on présenta, pour un public averti, des spectacles exigeants, sombrement intitulés *La Pandémie*, *Après le couvre-feu*.

Les États-Unis, après le débarquage de Donald Trump, se transformèrent en modèle démocratique. Les dictateurs un peu partout dans le monde tombèrent les uns après les autres, remplacés par des républicains de bonne volonté. Partout dans le monde on respira mieux.

D'ailleurs, le réchauffement climatique, par enchantement, recula.

La mise en service des TGV à pédales fut reportée, à cause du manque de performance en termes de vitesse, mais les recherches étaient prometteuses. Les hommes d'affaires savaient que bientôt leurs déplacements pourraient coïncider avec l'entretien de leur corps. La SNCF avait déjà trouvé un slogan : « Avec le TGV, je garde la ligne de chemin de fer. » Les avions transatlantiques pliables n'étaient pas non plus encore tout à fait au point, mais les perspectives étaient encourageantes.

C'est pourquoi, ce 1er janvier 2022, chacun dans le secret de son cœur inquiet se demandait : « Et maintenant, qu'est-ce qui va nous arriver ? »

Deux poids, deux dosettes

8 janvier 2021

D'abord, je vous remercie monsieur Demorand de me laisser la parole. Étant d'un esprit volontiers franc-tireur, je ne suis pas toujours d'accord avec monsieur Emmanuel Macron, président de la République, mais là, je voudrais le féliciter pour son opposition, radicale et pas qu'un peu, que je partage totalement, à ce phénomène venu comme par hasard d'Angleterre, intitulé le « Dry January ».

Qu'est-ce que le « Dry January » ? C'est le fait de vouloir rester sobre pendant tout le mois de janvier. Et non seulement de rester sobre, mais de ne pas boire une seule goutte d'alcool. Ce qui, personnellement, me semble inhumain.

Je voudrais exprimer ce matin, radicalement et pas qu'un peu, ma désapprobation absolue concernant un supposé challenge que je crois contreproductif, puisque générant de la frustration et ne pouvant donc déboucher que sur de la déception.

Réduire sa consommation d'alcool, pourquoi pas ? Si on en sent le besoin. Si on a envie. Je suis moi-même le premier à prôner cette réduction… Peut-être pas le premier. Mais le deuxième ou le troisième.

Réduire sa consommation d'alcool, oui, mais de manière progressive.

Par exemple, il m'arrive, et je peux le prouver devant huissier, de passer des matinées entières sans me servir une seule goutte d'alcool. La nuit également, il n'est pas rare que je profite de mon sommeil pour ne pas boire une seule goutte d'alcool, parfois pendant plusieurs heures d'affilée.

Mais l'idée de supprimer totalement l'alcool en janvier, alors que les soirées sont encore longues et que le mois compte trente et un jours, est particulièrement nocive, pour la personne qui sait vivre et qui a soif.

Un médecin de mes amis, avec qui je prends souvent l'apéritif et aussi le digestif, me faisait remarquer que l'eau, toute eau qu'elle est, toute pure qu'elle se présente dans des publicités de torrents et de montagnes enneigées, est également pernicieuse quand elle est prise en trop grande quantité. Les termes médicaux désignant le fait de boire trop d'eau sont la « potomanie » et la « polydipsie psychogène », et personnellement ça me fait extrêmement peur.

Boire trop d'eau peut causer une hyponatrémie et un œdème cérébral, donc tout un tas de bordel que je ne vous raconte pas.

Et je m'étonne à ce sujet que les publicités d'Évian ou de Volvic, à l'instar des alcools, ne précisent pas que l'abus d'eau peut être également dangereux pour la santé.

Une fois de plus, c'est deux poids, deux dosettes.

Dans ce cas-là, pourquoi ne pas décider d'un mois de janvier entièrement sans eau, sauf pour se laver les pieds ? Je suis personnellement prêt à relever le défi.

Qui m'aime me suive. À la bonne vôtre tout le monde !

Un peu de fraîcheur

15 janvier 2021

Comme tout le monde, je cherche des sujets qui nous éloignent un peu de l'anxiogène Covid, comme tout le monde ici, j'essaie d'apporter un peu de fraîcheur à cette matinale. Ainsi, cette semaine, j'ai décidé de vous parler de pédophilie.

De même que Georges Bernanos disait : « Hitler a déshonoré l'antisémitisme », on peut dire que Marc Dutroux a discrédité la pédophilie.

Car si la pédophilie n'a pas été, à proprement parler, inventée par Marc Dutroux, il lui a donné une connotation que je n'hésiterai pas à qualifier de calamiteuse.

Car enfin, pour prendre un exemple lumineux, s'il n'est pas rare qu'une candidate de « Questions pour un champion » se présente en disant : « Bonjour Samuel, je m'appelle Marie-Françoise, je suis retraitée des Postes, je suis trois fois grand-mère, je pratique la gymnastique aquatique et la philatélie », il est beaucoup plus rare d'entendre : « Bonjour Samuel, je m'appelle Jean-Paul, je suis profession libérale, je suis marié, je pratique la gymnastique suédoise et la pédophilie, j'adore passer toutes mes vacances dans les quartiers chauds de Bangkok.

— Ah ! très bien, Jean-Paul, un goût pour les voyages ! Vous avez le temps de vous consacrer à des loisirs ?

— Bah, disons que le soir j'aime bien masturber les enfants de ma femme.

— Merci Jean-Paul. Bonne chance à nos deux candidats, nous allons passer au "4 à la suite". »

Une autre question est de savoir si Marc Dutroux était de gauche ou de droite.

On ne sait pas.

Depuis Marc Dutroux, *Libération* n'a lancé aucune pétition en faveur de la pédophilie, et les anciens signataires se pressent moins pour défendre leurs signatures passées.

« De toute façon, on l'avait même pas lue, disent-ils en chœur, c'était juste pour faire plaisir à Jack Lang. »

La pédophilie est-elle de gauche ? C'est le débat. Certains pensent que oui, puisqu'elle aurait été popularisée par le mouvement de Mai 68.

Soyons juste en soulignant que le clergé a également fait partie des institutions où la pédophilie était promue sous la soutane, et l'on peut certainement critiquer le clergé, mais sûrement pas d'avoir été spécialement contaminé par l'esprit de Mai 68.

On n'a jamais vu le père Preynat partager un joint avec Cohn-Bendit avec le projet de jouir sans entraves.

Par ailleurs, longtemps avant Mai 68, Gilles de Rais, qui avait de très bonnes relations, vu qu'il avait combattu les Anglais aux côtés de Jeanne d'Arc, Gilles de Rais, qui n'avait jamais fréquenté Alain Krivine à la Sorbonne, a été accusé de prendre ses désirs pour des réalités en pratiquant sur des enfants des actes jugés contre-nature.

Réjouissons-nous. Peut-être pas sans entraves. Mais sans arrière-pensées. Dans cette période où tant d'événements sont si clivants, s'il existe un sujet qui transcende les dissensions politiques et réunit à la fois la gauche et la droite, les religieux et les athées, les progressistes et les réactionnaires, c'est bien la pédophilie.

L'humour et la nuance

22 janvier 2021

Il y a notamment deux choses qui me plaisent dans la vie. J'ai mis l'adverbe « notamment », parce qu'il y a énormément de choses qui me plaisent dans la vie : ma famille, mes amis, le chablis, la neige, quand on la découvre le matin et qu'on n'est pas obligé de sortir, les chansons de Mireille, de Jean Constantin et de plein d'autres, les mille-feuilles à la vanille, nager dans la mer. Je ne vais pas vous faire la liste, ce serait trop long. Mais peut-être que je vais retirer l'adverbe de ma phrase pour aller plus vite à mon sujet du matin.

Il y a deux choses qui me plaisent dans la vie, c'est l'humour et la nuance. L'humour, parce que c'est une consolation, une inspiration, parfois un éclat de rire, la manière la plus simple pour se protéger, pour adoucir, de manière détournée, la violence du monde.

La nuance, parce qu'elle exprime la subtilité, parce qu'elle cherche à approfondir, à refuser la pensée toute faite, jetée à l'emporte-pièce, la nuance, parce qu'elle tente de comprendre l'autre, de ne pas juger trop vite, de se mettre parfois à la place de celui que l'on n'est pas, en pensant à la fameuse phrase de Jean Renoir dans *La Règle du jeu* :

« Ce qui est terrible sur cette terre, c'est que tout le monde a ses raisons. »

Oui, il y a deux choses qui me plaisent dans la vie, la nuance et l'humour, et c'est comme si j'avais deux amis qui ne pouvaient pas s'entendre, deux amis dont je ne pouvais pas me passer, mais qui n'arriveraient pas à se comprendre. « Si tu invites l'humour, évite de convoquer la nuance, il va faire la gueule. » « Dis donc, j'aurais bien dit à la nuance de venir, mais pas de chance, j'ai vu que l'humour était là… »

Les deux sont la plupart du temps inconciliables. L'humour doit aller vite, être efficace, avoir l'évidence de la surprise, la légèreté d'un trait. La nuance a besoin de temps. Elle approfondit. Elle relativise. Elle précise sa pensée.

Quand j'écris ces petites rédactions du vendredi matin, j'essaie quand même de les convier tous les deux, mais ce n'est pas simple. Quand l'humour pointe son nez, on a vite fait d'être mal compris, mal interprété, de provoquer chez certains un malaise, des colères, des larmes. Quand la nuance s'installe, on a vite fait d'être chiant. Quand j'écris ces petites rédactions du vendredi matin, personne du 7/9 ne les relit. Sauf Juliette Hackius, la muse, l'égérie, la reine du 7/9, parce que j'aime bien avoir un avis, parce que je l'aime bien, parce que j'aime bien son avis. Mais personne d'autre. C'est vous dire la confiance et la responsabilité.

Quand on travaille dans un journal, on a un rédacteur en chef qui, avant de publier, valide l'article, le dessin, ou refuse de le publier. Ce n'est pas de la censure. Ça s'appelle « une ligne éditoriale ».

Que *Le Monde* s'excuse publiquement d'un dessin de Xavier Gorce sans même contacter le dessinateur me paraît indéfendable. Que le dessin de Xavier Gorce ne soit pas son meilleur, c'est possible. Que Xavier Gorce n'ait pas réussi à joindre la nuance à un dessin d'humour ne fait sûrement pas de lui un abject défenseur de la pédophilie, méprisant les victimes, comme on peut le lire sur les réseaux sociaux par la cohorte des vengeurs masqués, des haineux bas du front, des rageux compulsifs.

J'ai laissé toute la place ce matin à la nuance. L'humour n'est pas loin. Il vous embrasse.

D-Day Land Waouh !

29 janvier 2021

On le croyait annulé. En fait, dans la torpeur covidesque, il semblerait qu'il avance en silence. Je parle du fameux projet appelé le « D-Day Land » ! Vous aimiez la Normandie pour son pont-l'évêque et son camembert, son livarot et son neufchâtel, son bocage verdoyant, son calvados gouleyant, ses plages, ses pommiers, ses vaches, sa crème et son beurre frais, vous l'aimerez désormais pour le D-Day Land ! Le 6 juin 1944 comme vous ne l'avez jamais imaginé ! Un parc d'attractions mémoriel pour reconstituer le jour le plus long ! Trente hectares pour jouer à la guerre, se prendre pour un GI et faire son propre débarquement sur les plages de Normandie.

Se recueillir sur les tombes des Américains tués pour avoir combattu le nazisme, marcher sur les plages et profiter du ressac pour laisser son esprit vagabonder, en invoquant ces hommes si jeunes, si courageux qui, un matin de printemps 1944, avaient risqué, parfois perdu la vie, pour que d'autres puissent être libres, c'est très gentil, mais ça ne rapporte rien ! C'est quand même dommage, tout ce sang versé pour si peu de dividendes ! Pas un euro, pas un dollar, pas un kopeck, rien !

En France, on n'a pas de pétrole, mais on a des idées derrière la tête.

Ce qu'il faut, coco, c'est retenir le touriste avec un grand machin qui va l'occuper, qui va le distraire. Un truc marrant, sexy, un projet pharaonique pour raconter les cent cinquante-six mille hommes engagés dans l'opération Neptune, les dix mille six cents tués, les onze mille neuf cent douze tonnes de bombes, les onze mille cinq cents avions déployés, les six mille neuf cent trente-neuf navires !

Une guerre en virtuel, une immersion totale, un voyage totalement dépaysant ! Plongeon dans l'univers merveilleux de l'armée américaine, fontaines et spectacles aquatiques, reconstitutions en 3D, parcours d'obstacles inspirés par les stages commandos, avec tirs factices qui amuseront petits et grands !

Des attractions formidables ! Opération Tonga, accroché à un parachute, puis à un planeur au-dessus de la mer, et des paysages magnifiques de la campagne caennaise telle qu'elle était en 1944, reconstituée par images de synthèse, avec un passage ultra-comique où l'on aura l'impression de rester coincé sur l'église de Sainte-Mère-Église, voyages en jeep, en sous-marin, bombardements aériens, vous aurez l'impression, vous tout seul, d'exploser la défense allemande.

Et puis repartir du D-Day Land le cœur léger, après avoir acheté à la boutique du D-Day Land les produits du terroir revisités, Coca-Cola au cidre et chewing-gums au livarot !

Fini la culture, vive l'animation.

À l'heure où les pouvoirs publics favorisent le Puy du Fou au détriment du Festival d'Avignon, une mine de travail pour les intermittents du spectacle, qui pourront se reconvertir en figurants et crapahuter sur de fausses plages en silicone reconstituant Omaha Beach.

Que ça donne des idées à d'autres territoires qui pourraient se servir de leur patrimoine historique afin de valoriser leurs régions. Bientôt un Oradourland pour les amateurs d'émotions fortes, intenses, extrêmes ! Et un Verdunland, avec ses reconstitutions de tranchées, de tirs d'obus et de quiches lorraines ! Et puis ailleurs des Pogromlands, des Holocaustelands, la honte doit devenir internationale !

En France, on n'a pas de pétrole, mais des idées à la con, ça on n'en manque pas !

Sous le scintillement des reflets

5 février 2021

Il se tut, me fixa de son regard bleu sur lequel glissaient des éclats métalliques, comme un lac accablé de soleil dont il aurait été impossible, sous le scintillement des reflets, de percer la surface.

Dans son dernier livre, *L'Ange et la Bête*, Bruno Le Maire, auteur Gallimard et par ailleurs, à ses heures perdues, ministre de l'Économie, des Finances et de la Relance, raconte sa première rencontre avec Emmanuel Macron.

Il se tut, me fixa de son regard bleu sur lequel glissaient des éclats métalliques, comme un lac accablé de soleil dont il aurait été impossible, sous le scintillement des reflets, de percer la surface.

Et l'on admire la beauté de la langue, l'énigmatique entrelacs des sentiments, la fascination discrète, l'admiration, tout cet indicible de l'âme humaine, la précision des liens invisibles qui régissent les relations entre un suzerain et son souverain, tout cela exprimé avec tant de précision et de délicatesse.

À une époque où l'on dénonce l'appauvrissement du langage, prenons exemple sur le ministre. Car elle doit nous inspirer cette phrase qu'en français plus relâché on pourrait traduire par : « Putain, il me regardait, je savais pas si c'était du lard ou du cochon. »

Tout à l'heure, Nicolas, je vous ai vu, ne me dites pas le contraire, vous avez observé Claude Askolovitch avec insistance, le pressant de conclure prestement sa revue de presse, et Claude Askolovich, pendant le jingle, a dit : « Ben quoi, ça va, j'ai fait douze secondes de plus que prévu, tu vas pas me faire chier ! »

Quel dommage ! Quelle désolation ! Quelle tristesse dans l'expression quand Claude aurait pu dire...

« Nicolas, j'ai l'impression que sur ton regard sombre glissent des éclats métalliques.

— Des éclats métalliques ? se serait étonné Nicolas.

— Oui, des éclats métalliques, comme un lac accablé de soleil, dont il est si aisé, sous le scintillement de ses reflets, de percer la surface. »

On a appris cette semaine, dans *Le Parisien*, que les collègues ministres de Bruno Le Maire avaient fait de ce passage un « running gag », un objet de risée. Certains même le connaissent par cœur, se le ressortent, goguenards, lorsqu'ils s'interrogent sur les intentions d'Emmanuel Macron.

Oh, les jaloux, les petits, les envieux, les médiocres, qui n'entreront jamais à l'Académie française. Parfois, je me dis que vous ne méritez pas de siéger au côté de Bruno Le Maire, qui n'a que faire de vos saillies, de vos railleries, de vos sarcasmes.

Vous savez ce qu'il fait Bruno quand vous vous moquez ?

Il se tait. Il vous fixe de son regard bleu sur lequel glissent des éclats métalliques, comme un lac accablé de soleil, dont il est impossible, sous le scintillement des reflets, de percer la surface.

Une bibliothèque et un champ de fleurs*

12 février 2021

« Un vieillard qui meurt, c'est une bibliothèque qui brûle. » L'actualité fait de moi une annexe de Borniol, un satellite de Roblot et Roc'Eclerc. Je n'y peux rien. J'aimerais autant parler des vivants.

« Un vieillard qui meurt, c'est une bibliothèque qui brûle. »

Si le proverbe est juste, alors en ce début de semaine, avec la disparition de Jean-Claude Carrière, auquel le terme « vieillard » ne saurait correspondre, c'est la bibliothèque d'Alexandrie qui à nouveau vient de disparaître dans les flammes.

Et puis celle de Paris, de Dehli, de Mexico. Et puis aussi la petite bibliothèque qu'on imagine posée sur une étagère de la salle de classe chauffée au poêle à mazout, où patiemment ont été réunis par l'instituteur de la République les livres qui feront des futurs adultes des femmes et des hommes de bien. On y trouvera les ouvrages de Montaigne, La Fontaine, Madame de Sévigné, Victor Hugo, Colette et Alphonse Allais, parce que rien n'est vraiment sérieux.

* Le 8 février 2021 disparaissait Jean-Claude Carrière.

« Un vieillard qui meurt, c'est une bibliothèque qui brûle. » Là, c'était une bibliothèque de la tradition orale, celle qui connaissait la saveur du vin bourru, la moiteur de la mousson, la douceur des soirées andalouses et le salpêtre du théâtre des Bouffes du Nord. Une bibliothèque de la parole, assez farceuse pour chambarder les vers d'Edmond Rostand sans que personne n'y trouve à redire, assez fraternelle pour s'adresser au ministre et au quidam, au roi et au mendiant avec le même intérêt, le même respect, la même subtilité. De toute façon, le ministre est un quidam qui s'ignore, et le mendiant règne en seigneur sur son royaume intérieur fait de rêve et d'intime épopée.

Jean-Claude Simoën, celui qui fut notamment l'éditeur de Jean-Claude Carrière, raconte : « Un jour, rendant visite à Jacques Prévert, assis à son bureau, il venait de raccrocher son téléphone et dessinait sur un répertoire grand ouvert une petite fleur à côté d'un nom. "Tu vois, me dit-il, je viens encore de perdre un ami et, comme je me suis toujours refusé de rayer les noms, je dessine une petite marguerite, et à mon âge le répertoire est devenu un champ de fleurs !" La ligne de Jean-Claude Carrière, comme celle de Jacques Prévert, poursuit Simoën, resteront dans mon répertoire à jamais interdites de tout effacement. »

Il faudrait créer une application sur nos téléphones portables pour ajouter des petites marguerites virtuelles aux noms qu'on ne peut se résigner à effacer.

Un ami de l'humanité vient de disparaître, et l'on n'effacera pas son nom de nos mémoires. Une bibliothèque a brûlé. Un champ de fleurs a poussé. Des fleurs sauvages et cultivées, que Jean-Claude Carrière, toute sa vie, a fait pousser, avec la patience du jardinier et l'inspiration du poète.

Scénariste, dramaturge, écrivain, comédien, adaptateur, conteur, parolier, et quoi encore ?

Un type bien.

L'esprit de meute

19 février 2021

L'autre jour, j'écoutais France Inter. Ça m'arrive. C'étaient les informations. On a entendu un reportage de la plus brûlante urgence sur le voisinage d'Olivier Duhamel. Des voisins qui, en gros, disaient : « Il est pas spécialement aimable, il ne dit pas bonjour. »

Moi, c'est pareil. J'ai un voisin qui dit pas spécialement bonjour. Jusque-là, je n'ai jamais pu le dire publiquement, car il semblerait qu'il n'ait encore jamais trempé dans aucune affaire de mœurs. Mais j'attends mon heure. Si l'occasion se présente, j'aime autant vous dire que je saurai quoi répondre au journaliste qui viendra m'interroger. Lui, il a torturé ses enfants, violé son chien, battu sa femme ? Ça ne m'étonne pas : il disait jamais bonjour.

Qu'est-ce qui différencie le service public d'une chaîne commerciale ? C'est sûrement la capacité à savoir hiérarchiser l'information. Le sens de l'urgence.

Des fois, franchement, on s'embête à expédier des grands reporters en Syrie ou en Ukraine. Ça coûte cher. Les journalistes sont obligés d'obtenir des attestations parce qu'ils ne sont pas rentrés à la maison avant 18 heures, alors qu'il suffit qu'ils aillent dans le 5e arrondissement, afin d'interroger les voisins d'Olivier Duhamel et pouvoir ainsi apporter de toute urgence leur pierre au grand débat né du livre de Camille Kouchner.

Au *Parisien* également, ils ont leurs envoyés spéciaux. Ça permet d'apprendre plein de choses instructives.

Olivier Duhamel, en ce moment, aurait « l'air tristounet ». Parfois, on l'aperçoit dans son quartier en train de promener son chien. Son chien est un cavalier king-charles spaniel. J'ai moi-même fait des recherches.

Le king-charles spaniel est un petit chien d'agrément et d'origine anglaise. Il est sociable (il dit bonjour à tout le monde), toujours de bonne humeur. Il est très fidèle. C'est une qualité qu'Olivier Duhamel doit apprécier en ce moment. J'ai moi-même rencontré le chien d'Olivier Duhamel qui, quelques instants, a échappé à la surveillance de son maître dans le square Danielle-Mitterrand.

Je lui ai demandé quel était l'état d'esprit d'Olivier Duhamel. Voici sa réponse.

(*Sur Youtube Milo, the talking dog.*)

Je lui ai demandé également comment lui, personnellement, vivait ce drame familial et s'il avait remarqué un changement de comportement de son maître vis-à-vis de lui. La réponse du king-charles, qui ne mâchait pas ses mots mais une baballe en plastique…

(*Milo, the talking dog.*)

Une intervention qui, je crois, se passe de commentaires.

Dans M, le magazine du *Monde*, samedi dernier, il y a aussi eu un reportage captivant sur six pages et sur Sanary-sur-Mer, pour dire que la famille se mêlait peu à la vie de la ville. Si par hasard on avait aperçu Olivier Duhamel l'été dernier dans le PMU du port en train de gratter un Black Jack, ça aurait sûrement fait l'objet d'un numéro spécial.

Ce que ces reportages disent des relations toxiques entre adultes et enfants, de la pédophilie ? Bah…

En revanche, ce qu'ils disent du lynchage, de l'esprit de meute et de cette volonté dégoûtante de vouloir toujours mettre sa propre vertu en avant…

Afin de ne pas me mêler aux hurlements des loups déguisés en vertueux lyncheurs, je laisserai la parole au king-charles spaniel, qui, mieux que moi, saura conclure cette chronique.

(Youtube Milo, the talking dog.)

Une connerie

26 février 2021

La semaine dernière, à ce même micro, j'ai dit une connerie.

Vous me direz, ce n'est pas la première fois.

Oui, mais quand même, j'ai dit une connerie.

Vous me direz, bah, vous êtes un peu payé pour ça.

Oui, mais là, c'était une connerie pas drôle et surtout attentatoire.

J'évoquais un reportage entendu sur France Inter concernant le voisinage d'Olivier Duhamel.

Sauf que ce reportage n'existe pas. Sauf que ce reportage n'a jamais existé.

J'ai simplement entendu la revue de presse qui légitimement faisait état d'un article paru le matin même dans un journal national. Il n'y a donc pas eu de choix éditorial de la rédaction de France Inter pour dépêcher un envoyé spécial, organiser un micro-trottoir et partager ce journalisme de caniveau, qui donc n'est pas le fait de la rédaction de France Inter.

Qu'est-ce qui s'est passé ? Ai-je entendu cette revue de presse un dimanche matin ? Ai-je été agacé ? Me serais-je rendormi sur cet agacement ? Me suis-je réveillé en faisant une confusion entre le reportage et la revue de presse ?

C'est possible. Je crois même que c'est avéré.

Je présente donc mes excuses à la rédaction de France Inter et à ses journalistes. Pardon de vous avoir confondu avec un style de journalisme qui n'est pas le vôtre.

Je voudrais également m'excuser auprès de tous ceux qui détestent France Inter et qui étaient trop heureux de trouver en ma personne un porte-voix inespéré.

Je ne doute pas de la loyauté de chacun. Je sais que les sites qui ont relayé ma chronique de la semaine dernière (Ozap, Morandini) relaieront également cette chronique d'aujourd'hui et laveront à grande eau l'honneur de la rédaction de France Inter, que j'avais maladroitement, injustement entaché.

Bien sûr le fond de la chronique est inchangé, et cet esprit de meute qui ne date ni d'hier ni d'aujourd'hui suscitera toujours mon aversion, mon dégoût. Cet esprit de meute qui aujourd'hui traque dans la rue un type promenant son chien, cet esprit de meute qui hier s'exprimait à la Libération, sur les photos en noir et blanc, quand les braves gens prenaient tant de plaisir à prendre la pose près des femmes tondues.

La semaine prochaine, promis, je tenterai à nouveau de dire des conneries, mais sans avoir besoin la semaine suivante de devoir présenter mes excuses.

Père Peschet, prêtre et dessinateur humoristique

5 mars 2021

Il ne vous a pas échappé que la plupart des humoristes, quand ils ne sont pas belges, viennent du département de l'Orne, précisément de la région de Flers. Je n'invente rien. Tout le monde vous le dira. Et ça ne date pas d'hier. Guy Mollet, flérien et président du conseil sous la IVe République, a eu cette phrase historique qui, encore aujourd'hui, reste une grande source d'inspiration non pour les humoristes, mais pour les dirigeants politiques : « On nous dit que notre politique a échoué, est-ce une raison pour y renoncer ? »

Nathalie, auditrice de France Inter, flérienne et lectrice de *Télérama*, attire mon attention cette semaine sur ce qu'elle considère comme un aptonyme, alors qu'il me semble qu'il s'agit plutôt d'un contre-aptonyme. En effet, elle évoque un prêtre, le père Peschet, qui exerce son apostolat au sein de la paroisse Marcel-Callo de Flers. Un aptonyme, je le rappelle est un nom de famille qui est en relation avec son métier, par exemple, monsieur « Letondeur », coiffeur, monsieur « Millepied », danseur chorégraphe. En revanche le père Peschet, Christophe de son prénom, représente plutôt un contre-aptonyme, puisque sa profession de foi l'invite justement à combattre le péché.

Mais ce n'est pas pour parler d'aptonymie que j'évoque ce matin le père Peschet dans cette chronique inspirée par un article de *Télérama*, dont le sujet était justement le père Peschet, qui, en plus d'être prêtre, est dessinateur humoristique. Chaque jour que Dieu fait, paraît en effet sur le site de la paroisse Marcel-Callo, mais également dans *Ouest-France*, édition ornaise, un dessin du prêtre flérien. Un recueil de ses dessins humoristiques vient de paraître chez Publica, intitulé *Confinement, déconfinement et autres raffinements*.

Il est toujours périlleux de décrire un dessin humoristique. J'invite donc l'auditeur à se rendre sur la page Facebook de la paroisse Marcel-Callo de Flers ou à s'abonner à l'édition ornaise du quotidien *Ouest-France*. L'inspiration, certes, est assez éloignée de celle d'un Reiser ou d'un Siné, mais saluons un religieux capable de pratiquer une douce ironie.

L'ouvrage a été sélectionné pour le Prix de la BD d'Angoulême, prévu du 24 au 27 juin prochain, il a reçu la bénédiction de monseigneur Jacques Habert, évêque de Sées, puisqu'il en a signé la préface.

Le père Peschet est à ma connaissance la seule personne à porter la double calotte de prêtre et de dessinateur humoristique.

L'église, d'ailleurs, peut actionner son encensoir et lui rendre grâce. Ils ne sont pas si nombreux aujourd'hui les prêtres qui font parler d'eux non pour leurs penchants coupables, mais pour des talents empreints de bienveillance et de pureté.

Prenez garde cependant, père Peschet, de ne pas sombrer dans le péché de vanité. Votre ouvrage, qui déjà a reçu un accueil excellent, pourrait voir ses ventes exploser dès aujourd'hui après cette extraordinaire publicité gratuite qui est faite ce matin sur la radio la plus écoutée de France.

Allez-vous, père Peschet, vous satisfaire de la page Facebook de la paroisse Marcel-Callo de Flers et de l'édition ornaise du quotidien *Ouest-France* ? Viserez-vous plus haut ? Allez-vous postuler au poste laissé vacant par Plantu au journal *Le Monde* ? Comment réagirez-vous quand *Le Canard*, *Charlie*, *Siné Hebdo* voudront vous embaucher, quand la publicité vous proposera un pont d'or ?

Ne préjugeons pas de vos décisions. Faites selon les directives de votre âme. Continuez à prier et à dessiner pour nous.

Allez en paix, père Peschet.

L'Impromptue de l'Odéon

mars 2021

« Bonjour. Aujourd'hui, une pièce en un acte intitulée *L'Impromptue de l'Odéon*…

— Ah oui, je vois, tu vas encore critiquer, alors que, quand il se passe des trucs bien, t'en parles même pas.

— Comment ça ?

— Roselyne, elle est allée à l'Odéon. C'est quand même une sacrée nouvelle, et t'en as même pas parlé.

— Bah…

— Monsieur fait la fine bouche. Roselyne est allée à l'Odéon, un jour d'occupation du théâtre par des artistes en colère. Faut quand même le faire. C'est courageux, je te ferai dire. Même André Malraux, il n'y était pas allé à l'Odéon. Tu vas voir, Roselyne, elle a qu'à écrire un truc aussi connu que *La Condition humaine,* et tu vas voir qu'elle ne sera pas loin de laisser un souvenir supérieur à André Malraux.

— Ah… peut-être. Mais pourquoi qu'elle y est allée, Roselyne, à l'Odéon ?

— Ben, pour dire qu'elle y est allée.

— Et ça fait quoi ?

— Quoi, ça fait quoi ?

— Ben qu'elle y soit allée, ça fait quoi ?

— Rien. Qu'est-ce que tu veux que ça fasse ? Elle y est allée, point.

— Ah d'accord.

— Mais quand même elle a fait le déplacement, c'est pas rien. Surtout qu'elle a autre chose à faire.

— Qu'est-ce qu'elle a d'autre à faire ?

— Tu es vraiment de mauvaise foi, quand tu es ministre de la Culture, tu as quand même un sacré agenda.

— Oui, mais vu que tout est fermé…

— Ben, je ne sais pas. Gérer l'absence de théâtre, de cinéma, de musée. Tout ça… Diriger le rien, organiser la privation, manager le manque, administrer la carence, c'est pas rien…

— Et qu'est-ce qu'elle a dit, Roselyne, à l'Odéon ?

— Rien.

— Ben alors, pourquoi qu'elle y est allée, Roselyne, à l'Odéon, si c'est pour ne rien dire.

— Enfin, rien… Elle a pas rien dit. Elle a dit qu'elle comprenait les inquiétudes.

— C'est tout ?

— Et alors ? C'est quand même bien quelqu'un qui comprend les inquiétudes par rapport à quelqu'un qui ne comprend pas les inquiétudes.

— Oui.

— Ah ! Par exemple, tu es à l'hôpital, tu souffres, t'es sur ton lit de douleur, t'as des tuyaux partout dans les veines, dans le nez, des électrodes branchées un peu partout, t'as peur d'y passer, tout ça, t'es mal et tu as le grand médecin en chef qui vient te voir personnellement, alors que, si ça se trouve, le grand chef, il a une réunion du Lions Club par Zoom ou une invitation sur BFM, et il vient quand même te voir pour te dire qu'il voit pas ce qu'il peut faire pour toi, mais que par contre il pense très, très fort à toi.

— Oui, eh bien ?

— Eh bien, ça fait drôlement chaud au cœur… »

Nouvelles annonces gouvernementales

19 mars 2021

Face à la nouvelle flambée de l'épidémie, monsieur Jean Castex a annoncé hier soir de nouvelles restrictions, qui ont pu démoraliser un certain nombre de nos concitoyens.

Juste après ce rendez-vous désormais hebdomadaire, monsieur le Premier ministre m'a appelé personnellement, afin que je puisse réfléchir à de nouvelles annonces qui viendront, sinon contredire ses propos, au moins les adoucir.

J'ai réfléchi toute la nuit, afin de soumettre ce matin le fruit de ma réflexion à monsieur le Premier ministre. Il était tôt. Il m'a reçu par un : « Oh putain, quelle heure qu'il est ? », puis, je dois le dire, a validé chacune de mes propositions avec beaucoup d'empressement.

Voici donc les contre-annonces destinées à améliorer la vie des Français au quotidien. Je suis en mesure de les exposer toutes, puisqu'elles ont été entérinées par le gouvernement.

Dès demain matin, samedi 20 mars, il a été décidé que l'hémisphère Nord s'introduirait dans la moitié estivale de l'année et que, par conséquent, le printemps entrerait en vigueur sans attendre.

C'est naturellement une nouvelle considérable, qui va dans le bon sens, celui de l'espérance, celui de la confiance.

Le soleil a promis, et, notons-le, c'est un effort considérable, de traverser le plan équatorial de la Terre. Il a pris l'engagement solennel que, dès demain, il acceptait de se retrouver au zénith de l'équateur.

C'est une besogne colossale que chacun doit saluer comme il se doit.

Cette décision au sommet a provoqué toute une diversité de prises de position, d'intentions, de dispositions, qui, en cascade, changeront véritablement la vie de chacun de nos concitoyens.

Sans attendre, les premiers bourgeons, symboles de renaissance, vont apparaître. C'est ratifié. C'est homologué.

Les températures, quoi qu'il en coûte, ont décidé de remonter, afin d'atteindre un niveau qui rendra plus confortable la vie des Français.

Les plantes, jugées essentielles, ont décidé dans un joli mouvement solidaire de fleurir, afin d'embellir les parterres de nos vies.

Ce n'est pas tout.

Les animaux hibernants se sont résolus à sortir de la couette, afin de participer à l'effort collectif.

Je voudrais également saluer la détermination des oiseaux migrateurs, qui ont annoncé leur résolution de revenir sur nos territoires, afin que leur présence soit synonyme d'aspiration à un avenir meilleur, de perspective de bonheur.

Enfin, à propos de perspective de bonheur, et ce n'est pas l'annonce la moins conséquente, la libido, elle-même, met un point d'honneur à faire preuve de la plus grande vitalité dès demain. Elle sera particulièrement sensible à l'allongement des jambes, à l'érotisation des corps, et fera le pari de la confiance vis-à-vis de la testostérone, qui sera libérée, et elle s'en réjouit, dans les prochaines heures et le respect des gestes barrières.

Voilà toutes les mesures que j'étais en capacité de vous annoncer ce matin, j'espère qu'elles seront suffisantes pour vous faire conserver le moral.

Adieux d'artistes

2 avril 2021

Sheila, 1989, l'Olympia. À la fin du concert, la chanteuse annonce qu'elle fait ses adieux. Les larmes aux yeux, elle interprète *Je suis venu te dire que je m'en vais.* Les fans sont dévastés.

Pardon, Ali, de vous rappeler des souvenirs douloureux, vous n'aviez alors que quatorze ans, et votre avenir, comme un ciel menaçant, tout d'un coup se bouchait. « À quoi bon continuer à vivre, écriviez-vous dans votre journal intime, si Sheila ne chante plus ses joies et ses peines, ses espoirs et ses chagrins, ses fêlures qui, en partie, sont les miennes ? » Ah ! je suis sûr que vous le revoyez encore, Ali, ce journal intime qui partout vous accompagnait, ce journal intime habituellement si bien tenu, mais ce jour-là taché par la mouillure de vos larmes désespérées de fan transi et d'adolescent singulier, car il en fallait de la singularité pour être adolescent et fan de Sheila en 1989. Heureusement, comme un amoureux véritable, vous avez su faire preuve de patience et de persévérance et de courage, à tel point que vous avez pu jouir à nouveau du retour de la petite fille de Français moyens en 1998, puis en 2002 à l'Olympia, puis au Cabaret sauvage en 2006, et puis, dans les années 2010, vous n'avez manqué aucune de ses tournées « Âge tendre » et, il y a quelques jours à peine, vous vous êtes encore procuré son nouveau single, et la douleur que vous aviez ressentie ce soir d'octobre 1989 n'est plus, Ali, qu'un mauvais souvenir, la réminiscence d'un sentiment d'abandon qu'heureusement vous avez su dépasser, pour devenir cet homme accompli et confiant, capable de mener de front deux carrières parallèles, qui occupent tout votre temps, sollicitent toute votre énergie, pompent toute votre ardeur, vedette des médias et fan de Sheila.

Si je me permets d'entrouvrir la porte de votre intimité, Ali, ce n'est certainement pas par goût du voyeurisme, c'est simplement pour consoler tous les aficionados éplorés de ces deux artistes qui, cette semaine, comme Sheila en 1989, ont décidé de faire leurs adieux, Willem et Plantu.

Car ces deux artistes, qui étaient à la fois des collègues, des confrères, peut-être des concurrents, parmi les plus en vue, le même jour, ont décidé de tirer leur révérence, alors que, dessinateurs de presse, l'un à *Libération*, l'autre au *Monde*, ils entraient dans la même exacte catégorie.

Et c'est hallucinant ! Et c'est ahurissant ! C'est comme si les Beatles avaient jeté l'éponge le même jour que les Rolling Stones, c'est comme si Jacques Brel avait décidé de se retirer aux Marquises le jour même où Georges Brassens, en père peinard, avait mis les voiles. C'est comme si Roselyne Bachelot faisait valoir ses droits à la retraite le même jour que Chantal Ladesou.

Car, de même qu'on est Beatles ou Rolling Stones, Brel ou Brassens, Bachelot ou Ladesou, on était Willem ou Plantu et, au moment où ensemble ils nous font leurs adieux, on n'a pas envie de trier, de choisir l'un contre l'autre, on ressent une nostalgie pour ces décennies où l'on commençait la lecture des deux quotidiens par la découverte du dessin de l'un et de l'autre.

Ils nous ont dit cette semaine qu'ils s'en allaient, mais qui sait si, comme Sheila, ils ne reviendront pas, puisque, comme dit l'un, ce truc qu'il faisait « ce n'était pas un métier mais une vie », puisque, comme dit l'autre, « trouver des conneries, ça me garde éveillé ».

Alors bien sûr, de même que, dans les années quatre-vingt-dix, vous avez fait votre deuil de Sheila en accueillant Jeanne Mas dans votre cœur, nous découvrirons avec bienveillance Coco, ainsi que les dessinatrices et dessinateurs de Cartooning for Peace, mais vu qu'on espère Willem et Plantu en vie et éveillés encore quelque temps, on se dit que forcément, comme Sheila, au détour d'un magazine, d'un mensuel, on les croisera encore.

Une promenade bretonne

9 avril 2021

La Bretagne sans permis est un livre qui fait à la fois l'éloge de la Bretagne et de la VSP. La Bretagne, vous voyez ce que c'est, c'est à partir de Rennes, ça va jusqu'à la rade, c'est plein d'ajoncs, d'hortensias bleus, de dolmens et de magasins Leclerc. C'est plein de rues de la soif, plein de Bretons aussi, qui regardent le ciel comme une promesse, l'océan comme un songe. C'est au bout de la France, ça fait comme un grand nez qui respire le large. La Bretagne est un pays de voyageurs. On s'y nourrit de galettes, de far, de chouchen, de kig ha farz et de légendes.

La VSP, vous voyez ce que c'est, c'est une voiturette qu'on trouve un peu partout, notamment en Bretagne, pour peu qu'on ne soit plus, pour une raison ou une autre, en capacité d'utiliser son permis de conduire, pour peu qu'après avoir fait la riboule on ait été obligé de souffler dans le biniou. La VSP est le sigle de « voiture sans permis ».

Yvon Le Men a écrit *La Bretagne sans permis*, et c'est une ode à la lenteur. Une amie mienne, Juliette, qui d'un prénom, le sien, a fait son nom d'artiste, un jour a noté justement cette phrase qui est toute une philosophie : « La vie est trop courte pour aller vite. »

La Bretagne sans permis est un livre sorti aux éditions Ouest-France, et justement, en guise d'avant-propos, on trouve trois bouts d'articles parus dans *Ouest-France*, qui se prononce en réalité « Oueste- France » avec un *e* à la fin d'« Ouest », parce que l'âpreté des côtes granitiques, la brutalité des vents marins, la rudesse des vies en mer n'interdisent pas une certaine féminité.

Le premier article évoque une VSP appréhendée par des motards sur l'A10, parce qu'elle roulait à cinquante kilomètres heure. Quand tant de voitures sont verbalisées pour excès de vitesse, les voiturettes à qui l'on inflige une amende pour cause de trop grande lenteur représentent une sorte d'aristocratie de la délinquance autoroutière.

Le deuxième article rend compte d'une voiture sans permis arrêtée entre La Ciotat et Marseille (dans le cadre d'un contrôle routier classique de téléphone au volant), du fait que la conductrice transportait un poney blanc. « Cette dame très gentille a parfaitement aménagé sa voiture en mini-van, a indiqué le policier, le poney rentre par l'arrière et ressort par la portière avant-droite. » Notons que ni le poney ni la conductrice ne téléphonaient, ce qui est un signe de civisme, puisque la crainte principale, quand on téléphone au volant, est de perdre trois points sur son permis de conduire, alors que la dame et le poney étaient dans la même exacte situation : ni l'un ni l'autre n'en possédaient. Poney blanc, blanc poney.

Le troisième article évoque un fait divers qui eut lieu en octobre 2019. Son titre : « La voiture avait fait vingt kilomètres à contresens ». Sa conclusion : « Il ne se rappelle pas, non plus, pourquoi il n'a plus de permis. »

Mais je vous mettrais sur une mauvaise voie si je vous présentais ce livre comme un recueil de faits divers amusants ou pittoresques. C'est une promenade dépaysante et douce, entre hier et aujourd'hui, entre humour et mélancolie, d'ailleurs le récit s'ouvre sur l'enterrement de Yann-Fanch Kemener, chanteur celtique. Yvon et Alexis dans leur VSP vont faire leur deuil en prenant la route, celle du souvenir, de l'amitié, de la poésie.

Permettez-moi un souvenir personnel. En 1978, je passais le permis de conduire pour la troisième fois. Au moment de me donner le papier qui attestait que j'avais finalement réussi mon examen, l'examinateur, accablé, me fit cette réflexion « Tenez, vous ne conduirez pas, vous roulerez… »

Peut-être est-ce en réminiscence de ce léger moment d'humiliation que j'ai pris un plaisir complice et solidaire à rouler sur les routes de Bretagne en compagnie d'Yvon Le Men, dans son si joli livre *La Bretagne sans permis.*

Le bout du tunnel

16 avril 2021

Je suis actuellement en reportage au cœur de la France, afin de trouver le bout du tunnel, qui aurait été annoncé le 11 mars dernier par le Premier ministre lui-même, monsieur Castex, qui avait déclaré, je le rappelle, dans *Society* : « Il n'y a pas de raisons qu'on ne voie pas le bout du tunnel au printemps. »

Nous sommes au printemps, et donc le bout du tunnel ne devrait plus tarder à apparaître… Ah, mais on m'interrompt, il semblerait que le bout du tunnel soit imminent…

Ah oui, je crois que là… on devrait bientôt…

Camille est plus à même d'apercevoir le bout du tunnel, puisqu'elle est juchée sur un tabouret avec une paire de jumelles, surtout vous n'hésitez pas à intervenir aussitôt que vous l'apercevrez… Monsieur Johan Lundgren, le directeur général d'easyJet, à l'occasion d'une vidéoconférence, a affirmé que le bout du tunnel était bien en vue, mais que la sortie était encore loin.

Le commissaire européen Thierry Breton a affirmé que l'accélération de la production des vaccins permettait à l'Europe, d'ores et déjà, de voir la lumière au bout du tunnel. Il semblerait donc que la lumière soit visible pour l'Europe, mais pas encore pour les Européens.

Non, là, je suis sur le coup, mais non, pour l'instant je ne vois rien…

Camille donc, à la recherche du bout du tunnel souvent annoncé, mais apparemment toujours invisible.

Le chef du pôle Urgence et du SAMU du Nord au CHU de Lille croit sincèrement qu'on est au bout du tunnel. Hélas, il semblerait que la lumière n'y soit pas encore visible.

Pour certains, il semblerait que le bout du tunnel soit au bout de la seringue. Étape supplémentaire donc, puisqu'il faudrait franchir le tube de la seringue avant de pouvoir accéder audit tunnel.

Le bout du tunnel aurait été vu par le Portugal, par les Bleus, par le FMI, mais généralement il est plutôt entrevu que vu, notamment par le tennisman caennais Jules Marie, par le club de handball de Besançon, le GBDH, par les résidents d'Ehpad du Lot-et-Garonne, par le club de pétanque d'Eybens dans l'Isère.

Alors, certains verraient le bout du tunnel, pas pour eux mais pour d'autres. Ainsi le directeur sportif du PSG, Leonardo, voit le bout du tunnel pour Neymar.

Longtemps avant le début de la pandémie, en 1974 exactement, notons que le bout du tunnel avait déjà été aperçu : « Nous sommes repartis sur une meilleure voie, nous apercevons le bout du tunnel », avait déclaré monsieur Jacques Chirac lui-même. Monsieur Georges Séguy, secrétaire général de la CGT, avait répliqué : « S'il voit le bout du tunnel, c'est qu'il marche à reculons et qu'il confond l'entrée avec la sortie. »

C'est peut-être ce qui expliquerait l'absence de visibilité actuelle de ce fameux bout du tunnel.

Ah, oui, là, je crois que… Ah non, non.

Nous n'hésiterons pas à interrompre les programmes si le bout du tunnel faisait enfin son apparition.

Bon voyage, Thomas Pesquet

23 avril 2021

Cher Thomas Pesquet,

Je vous écris une petite lettre afin de vous souhaiter un bon voyage. J'espère que vous n'avez pas été trop déçu d'avoir été obligé de retarder votre départ de vingt-quatre heures, mais ce sont des choses qui arrivent. C'est pas grave. Moi-même, le mois dernier, je suis allé sur l'île de Sein (dans le Finistère) avec des copains, et, à cause du mauvais temps, pareil, on a été obligé de décaler le départ, vu que le bateau de Douarnenez avait été annulé. On en a profité pour aller jusqu'à la pointe du Raz. Il y avait du vent mais aussi du soleil, et j'espère qu'hier, vous aussi, vous avez pu en profiter pour faire un peu de tourisme. Surtout qu'en Floride il doit bien y avoir aussi des jolis coins à visiter.

Vous allez donc rester six mois dans une capsule, et personnellement j'ai déjà passé une heure bloqué dans un ascenseur, et c'était déjà une heure de trop.

Même si ça me fait une anecdote incroyable à raconter. J'avais rendez-vous avec Anne-Marie Miéville, qui est cinéaste et, par ailleurs, la compagne de Jean-Luc Godard.

Entre deux étages, l'ascenseur s'est bloqué, et Anne-Marie Miéville, en attendant le dépanneur de chez Otis, par solidarité, est venue me parler dans la cage d'escalier, pour évoquer le rôle qu'elle pensait me confier et aussi pour que je ne sois pas trop angoissé. L'ascenseur avait une glace opaque et, à un moment donné, j'ai aperçu la silhouette de Jean-Luc Godard, qui, attentionné et craignant que sa compagne ne prenne froid dans l'escalier non chauffé de l'immeuble, a déposé un châle sur les épaules d'Anne-Marie Miéville. Je voulais vous raconter cette anecdote, parce qu'en restant pas très loin de chez soi on peut vivre des événements tout à fait extraordinaires. Le rôle, par ailleurs, je ne l'ai pas obtenu, car, quand je suis sorti de l'ascenseur, Anne-Marie Miéville m'a dit que j'étais bien trop jeune pour jouer le personnage auquel elle avait pensé. Ça m'a un peu déçu, mais vaut toujours mieux être trop jeune que trop vieux.

Voilà. Finalement cette expérience m'a montré que j'étais moins claustrophobe que ce que je croyais. Et j'espère qu'il en est de même pour vous.

De toute façon, on ne peut pas vraiment comparer mon passage dans l'ascenseur d'Anne-Marie Miéville et votre séjour dans la station spatiale, vu que vous êtes quatre à partir et que, si vous vous ennuyez, vous pourrez toujours faire une petite belote et qu'en plus de ça, pendant votre périple, à quatre reprises vous allez pouvoir sortir de la capsule, afin de vous dégourdir les jambes sans être obligé d'attendre un dépanneur de chez Otis.

À propos, un petit conseil, renseignez-vous afin de savoir si votre lieu d'atterrissage dans six mois sera bien le même que votre point de décollage, je vous dis ça, parce que, pour l'île de Sein, on a embarqué à Douarnenez, comme je vous le disais, mais on a débarqué à Audierne. Heureusement, il y avait une navette pour nous ramener à Douarnenez. J'espère que, si vous êtes confronté à ce même genre de problème, la NASA sera aussi bien organisée que la compagnie maritime Penn Ar Bed.

Bon voyage, Thomas, donnez-nous de vos nouvelles, faites-nous des belles photos. À l'occasion, je vous montrerai celles que j'ai faites sur l'île de Sein.

Politologie

7 mai 2021

Aujourd'hui, pour conclure la semaine, et donner un peu de hauteur à cette matinale, j'ai choisi de présenter un vaste tour d'horizon de la situation politique à un an de la présidentielle de 2022, mais également quarante années après la première élection de François Mitterrand à la présidence de la République.

Une chronique, donc, basée sur un terreau solide de politologie, mais également dirigée vers des perspectives que je n'hésiterais pas à qualifier de futures.

Il semblerait donc, et je parle au conditionnel (car le conditionnel, ne vous déplaise, monsieur Demorand, est un mode, c'est-à-dire une forme verbale exprimant une nuance d'action, pour exprimer en l'occurrence un souhait, une hypothèse ou, comme son nom l'indique si justement, une action ou un fait soumis à une condition), il semblerait donc, et ce sont de nombreux commentateurs qui le soutiennent, que la gauche ne serait pas présente au second tour de la prochaine élection présidentielle.

C'est certifié par tout le monde. C'est acquis, plié, garanti, couru d'avance. Une façon de prévenir, de manière très civique, ce qu'on appelait jadis « le peuple de gauche » que ce n'est pas la peine de dépenser de l'énergie à faire campagne (et Dieu sait que toutes les économies d'énergie sont bonnes à prendre en ce moment), puisque les jeux sont déjà faits.

Je pense, en effet, que les sondages, les expertises diverses d'opinion montrent suffisamment, et c'est un progrès colossal, que le plus raisonnable est de faire l'impasse sur une élection présidentielle, quand elle est à ce point acquise.

Au peuple de gauche, souvent rempli si sympathiquement de valeurs humanistes, au peuple de gauche, dont une grande partie reste sans doute fidèle au service public, permettez-moi d'offrir ces quelques mesures de l'hymne socialiste composé il y a plusieurs années par Mikis Theodorákis. Profitez-en, il n'encombrera pas les antennes dans les mois qui viennent.

...

Donc, le débat se situerait désormais entre Macron et Le Pen. Plus exactement, car comptez sur moi pour affiner l'analyse, entre Emmanuel Macron et Marine Le Pen. Je le précise, car je pense, et tant pis si je prends des risques en l'affirmant (peut-être dans un an, Nicolas Demorand, car vous savez être cruel, me ressortirez-vous le bobinot de ce matin pour contredire mes propos, mais je pense que le risque d'une confrontation entre Brigitte Macron et Jean-Marie Le Pen est quasiment nul et que, de même, l'éventualité d'une compétition entre Josette Macron et Jean-Eliott Le Pen est à mes yeux invraisemblable, puisque, à ce jour et à ma connaissance, ni Josette Macron ni Jean-Eliott Le Pen n'ont entamé une carrière dans la politique.

J'ajouterai cependant que, comme dit mon beau-frère, qui a toute la compil à Brassens chantant Aragon (compil assez sommaire puisqu'elle n'est composée que d'un titre), « Rien n'est jamais acquis à l'homme, et sitôt qu'il croit serrer son bonheur il le broie. »

Si d'ici la prochaine présidentielle Macron reçoit des diamants d'un empereur centrafricain, si Le Pen est surprise en train de faire des avances à un garçon d'étage de couleur dans un hôtel de New York, si en plus on découvre que Nathalie Artaud possède un compte en Suisse et que Dupont-Aignan est le meilleur ami de Yann Barthès, tous les paris resteront ouverts.

D'ici là, chacun est dans son starting-block.

La vraie chance de la droite la plus bête du monde, c'est sans doute d'avoir face à elle la gauche la plus stupide de l'univers.

Embouteillages

14 mai 2021

« Les films sont plus harmonieux que la vie », pensait François Truffaut. « Il n'y a pas d'embouteillage dans les films », disait-il. Mercredi prochain, il ne va peut-être pas y avoir d'embouteillages dans les films, mais il y en aura dans les salles de cinéma. Treize nouveaux films, vous vous rendez compte ! Treize nouveaux films qui sortent le 19 juin ! Sans compter les vingt ressorties qui étaient sur les écrans le 30 octobre et qui n'ont pas pu aller jusqu'au bout de leur exploitation. Ça va faire mal ! Ça va saigner ! Ça va morfler ! Préparez vos insultes !

« *Non mais dis donc, c'est pas parce que t'as un blockbuster que t'as la priorité, eh, abruti !* »

« *Qu'est-ce que tu dis, tête de nœud ? Tu ferais mieux d'avancer, avec ton nanar à trois balles !* »

« *Et toi, ton permis de filmer, tu l'as reçu dans une pochette-surprise !* »

Ça va bouchonner forcément. Il va y avoir des accidents, des sorties de route, de la casse. En plus, figurez-vous, le

19 mai ressortiront des classiques du cinéma. Notamment *À bout de souffle* de Jean-Luc Godard, *The Wicker Man* de Robin Hardy, et je ne vous parle pas de la rétrospective Ida Lupino…

« *Tu crois que c'est le jour pour faire du tourisme, pépère, avec ta guimbarde à la con ?* »

« *Mais bouge ta caisse, papy !* »

« *Elle est encore cotée à l'argus, ta teuf-teuf ?* »

Ça va bouchonner, ça va engorger, ça va congestionner. Et ce n'est pas fini. Les salles de cinéma, chaque mercredi à partir de la semaine prochaine, ce sera le tunnel sous Fourvière un 15 août. Forcément qu'il va y avoir des énervements, de l'effervescence, des crêpages de chignon, des coups de poing dans la gueule. Ceux qui ont des gros budgets vont faire des campagnes de publicité énormes.

« *Pauvre con, tu crois que ça va te faire avancer plus vite de klaxonner ?* »

« *Éteins tes phares, connard, on est en plein jour !* »

« *C'est pas devant une merde, je te signale, qu'il faut brancher le ventilateur !* »

Essayons de garder notre calme, prenons notre mal en patience. Certains choisiront les itinéraires bis, emprunteront les plateformes cinématographiques, mais, comme disait un slogan dans les années soixante-dix : « Quand on aime la vie, on va au cinéma. »

François Truffaut pensait au contraire que c'était quand on n'aimait pas la vie que l'on allait au cinéma.

Moi, j'ai bien l'impression que, quand on aime la vie, on aime le cinéma et le théâtre et les restos et les demis en terrasse et… le cinéma.

Citation de Truffaut : « Les films sont plus harmonieux que la vie. Il n'y a pas d'embouteillage dans les films, il n'y a pas de temps mort. »

Même sans harmonie, même avec des temps morts, c'est pas si mal la vie.

Lettre ouverte à monsieur le Ministre de l'Éducation nationale

21 mai 2021

Monsieur le Ministre de l'Éducation nationale, je ne sais pas si vous aimez bien Pierre Perret. Personnellement oui, parce que c'est quand même l'auteur, notamment, d'une des plus jolies chansons du monde et qui commence de la façon la plus délicate, la plus parfaite qui soit.

Chez la jolie Rosette au café du canal
Sous le tronc du tilleul qui ombrageait le bal
On pouvait lire sous deux cœurs entrelacés
« Ici on peut apporter ses baisers »

Je ne sais pas si c'est du fait qu'en ce moment l'échange de baisers est proscrit, mais la formule gravée sur le tilleul du café du canal suscite immanquablement chez moi, qui ai le goût de la nostalgie réjouie, un sourire gentiment stupide, que vous pourriez voir si je ne portais pas de masque.

Mais ce n'est pas pour vous parler de baisers, monsieur le Ministre, vous vous doutez bien, que je vous écris.

La semaine dernière, à Sarcelles, la mairie avait programmé quatre représentations du spectacle intitulé *Carnet de notes*, interprété par sept artistes, chanteurs, musiciens, comédiens. Une pièce de théâtre en chansons saluée par *Le Parisien*, *Télérama*, *Le Canard enchaîné* et des milliers de spectateurs qui ont pu la voir à l'occasion des presque deux cent cinquante représentations. Mariline Devaud Gourdon, metteur en scène et comédienne du spectacle, le présente comme un voyage des cinquante dernières années, de la maternelle au baccalauréat.

À l'issue de la première représentation, des parents d'élèves accompagnant les classes se sont plaints auprès du directeur de leur école primaire pour dire à quel point le travail de la compagnie était choquant, du fait qu'ils interprétaient une chanson de Pierre Perret, intitulée *Papa, Maman*, parlant de la reproduction.

Le directeur de l'école a signalé l'affaire au rectorat.

Le rectorat a fait redescendre l'info auprès des inspecteurs des secteurs.

Les inspecteurs ont interdit aux enseignants d'emmener les classes assister au spectacle du lendemain.

Une classe de quinze élèves, des résistants sans doute, a maintenu sa réservation.

La compagnie a dit : « Bon, d'accord, on va jouer pour eux. »

La direction des affaires culturelles de Sarcelles est intervenue pour tout annuler.

La chanson de Pierre Perret ayant choqué évoque la masturbation.

Y a bien quelques brindezingues
Qui ont dit qu'ça rend sourdingue

Beethoven qu'était pas fier
A quand même fait une belle carrière

La chanson parle aussi de contraception, évoque le vagin, l'ovule, les testicules.

Monsieur le Ministre, choisissez votre camp. Vous rangez-vous du côté de ceux qui interdisent ou de ceux qui permettent ? Jugez-vous normal que des parents d'élèves puissent empêcher un spectacle ? Les inspecteurs qui s'érigent en censeurs ont-ils agi en votre nom ?

Si vous pensez que l'auteur du *Zizi* et de *Lily* est un personnage indigne, scandaleux, subversif et dangereux, ne serait-il pas temps de songer à débaptiser toutes les écoles Pierre Perret, qui partout en France ont fleuri, de Castelnaudary à Soligny-la-Trappe, de La Chaize-le-Vicomte à Clavette, de Miribel à Angers ?

Pour le plaisir, je vous cite la fin de la chanson incriminée.

Comment papa a fait un p'tit frère à maman
C'est à l'école qu'on nous l'apprend
Pas la peine d'en faire toute une cathédrale
À part les hypocrites les gens normaux trouvent ça normal

Veuillez agréer, monsieur le Ministre, ma détestation de la censure. Et vous ?

Monsieur le Ministre, vous feriez une réponse ?

La Micheline

28 mai 2021

Les bistrots sont rouverts depuis plus d'une semaine maintenant, et déjà vous ne savez plus où donner du gosier, que vous avez en pente douce. Où aller se désaltérer ? Où s'abreuver ? Où pictonner ? Où trinquer ? Où biberonner ? Où lever le coude ? Où s'humecter les amygdales ? Où chopiner ? Où se graisser le toboggan ? Où s'arroser l'avaloir ? Où se piquer la ruche ? Où recharger les accus ? Où rhabiller le gamin ? Où étrangler un perroquet ?

Les bistrots ont sorti leurs terrasses depuis plus de huit jours, mais, avant de se retrouver au zinc, on ne peut pas, à l'aveuglette, s'asseoir sur n'importe quelle chaise en rotin. On est des esthètes de la picole, des artistes de la lichaille et de la schnoupe.

Alors, comment dégotter le bistrot comme il faut, le bistroquet rêvé, la buvette super chouette, l'hectopièze balèze, le bistral idéal ?

En se procurant *La Micheline*. *La Micheline* n'est pas la femme du *Guide Michelin*. *La Micheline* n'est pas non plus l'inoubliable Sainte Chérie. *La Micheline* est « le guide pratique et sérieux et rigoureusement subjectif permettant de se désaltérer en toute convivialité et sans trop de frais dans les endroits les plus divers ».

La Micheline est un livre sorti aux Équateurs et signé Philibert Humm et Pierre Adrian.

Tourner les pages de *La Micheline*, c'est déjà voyager.

Sur la vitrine du Bistro, place Paul-Doumer à Château-Gontier-sur-Mayenne, on peut lire, en lettres capitales : « Ici, on consulte le Bottin. »

Chez Charlemagne, sur le port, à l'Île-aux-Moines, on s'interroge : « Qui a eu cette idée folle un jour d'inventer l'alcool ? »

Au Central Bar d'Étel, 13, rue du Général-Leclerc, on entend des conversations qui ouvrent des perspectives : « Si t'as du maquereau de rab, avec Marcel, on est preneurs. »

La Pomme d'Or, à Pont-l'Évêque, est située face à la droguerie Legrand : « Droguerie Legrand, c'est épatant ! »

Chez Carole et Philippe, au bourg de la Ferté-en-Ouche, on n'est pas spécialement impressionné par les discours politiques : « Le président a dit qu'il ne laisserait personne au bord de la route. Il est bien aimable, mais on ne lui a rien demandé. » Surtout qu'au bord de la route, il y a parfois des bistrots où l'on peut satisfaire son goût pour les Picon bière, la contemplation, la mélancolie et les cacahuètes.

Certains bistrots méritent un détour de cinq, quinze, trente kilomètres, certains méritent le voyage en Haute-Saône, comme Chez Yvette à Ray-sur-Saône ou Chez Jacky à Saint-Loup-sur-Semouse.

La Micheline ne prétend pas être exhaustive. Quelques départements, la Seine-Maritime, le Morbihan, le Puy-de-Dôme sont surreprésentés au regard de ceux qui ne sont même pas mentionnés : l'Ain, l'Aisne, l'Allier, le Cantal et la Charente, à qui l'on ferait certainement injure en soutenant qu'il y réside moins d'alcooliques qu'ailleurs.

Considérons *La Micheline* comme un « work in progress », comme on dit au Look Bar de Lyon, au Cool à Marseille, au Jack's Pot à Imphy, dans la Nièvre.

L'année prochaine, le livre sera augmenté des nouvelles découvertes, et, un jour, on s'étonnera, dis donc, que les rédacteurs du *Guide Michelin* sont pas des moitiés de dégueulasses, vu qu'ils ne se sont pas gênés pour copier leur nom sur celui de *La Micheline, tournée des bars de France* de, je le répète, Philibert Humm et Pierre Adrian.

Livre frivole, léger, superflu, autant dire, parfaitement indispensable.

Entre ici, Joséphine !

4 juin 2021

Qui prononcera ces mots ?

Entre ici, Joséphine Baker, avec ton amoureux cortège de plumes et de bananes et d'enfants adoptés et de combats contre le racisme et de courage.

Car Joséphine fit partie de ce « désordre de courage », comme le disait André Malraux devant le cercueil de Jean Moulin, évoquant la Résistance.

Entre ici, Joséphine, avec tes chansons de Vincent Scotto et ton parcours admirable d'icone des années folles devenue militante du mouvement des droits civiques de Martin Luther King.

(Certains, dont l'intransigeante recherche de pureté absolue peut sembler quand même un peu suspecte, ont déjà reproché à Joséphine ce régime de bananes autour de sa taille, porté dans les années 1920, quand « La Revue nègre » triomphait à Paris, ignorant le contexte d'une époque, refusant de penser qu'il y avait, si ça se trouve, un peu d'ironie dans ce tableau dépeignant le colonialisme de l'époque.)

Entre ici, Joséphine, avec ton cortège de danses et de chansons, de rythmes et de rêves de music-hall.

Rentre ici, pas parce que tu es une femme, pas parce que tu es une Noire, mais parce que, toi aussi, tu avais fini par devenir un visage de la France.

Et parce que étant femme, et parce que étant noire, tu peux réussir à transmettre un message à une jeunesse qui sans doute n'a jamais entendu parler de toi. « Aujourd'hui, jeunesse, puisses-tu penser à [cette femme]. »

Entre ici, Joséphine, qui, ne pouvant avoir d'enfants, en adopta douze, de toutes origines, qu'elle appelait sa « tribu arc-en-ciel ». Comme disait à peu près Mark Twain : elle ne savait pas que c'était impossible, alors elle l'a fait.

Entre ici, Joséphine, avec ton délicieux cortège d'utopie, de légèreté et d'optimisme.

Entre ici, Joséphine, si affectueuse avec les animaux en liberté dans ta maison du Vésinet, les chats, les chèvres, les cochons et, tenu en laisse, un guépard, Chiquita qui, à la ville, comme à la scène t'accompagne.

Jean-Luc Mélenchon, appelant à voter Danielle Simonnet, tweete : « Si vous aimez les animaux, voilà pour qui voter dimanche prochain ! »

J'espère que Danielle Simonnet ne l'a pas mal pris. Comme monsieur Mélenchon le dit un peu maladroitement, si on aime les animaux, votons Joséphine Baker au Panthéon.

Car « Osez Joséphine » est le nom de la pétition lancée par l'essayiste Laurent Kupferman pour l'entrée de Joséphine Baker au Panthéon.

Ça va sans doute en énerver quelques-uns…

Ceux qui trouvent qu'une meneuse de revue au Panthéon, ce n'est pas sérieux…

Moi, je dirais : « Belle initiative, monsieur Kupferman, que de vouloir accueillir la légèreté, quand elle se marie au courage, l'engagement, quand il se mêle à la futilité. »

Entre ici, Joséphine, où serait fou celui qui penserait que tu n'aurais pas ta place.

Le peuple de Paris derrière toi remonte la rue Soufflot et danse dans une folle farandole. Allègre et rayonnant, indomptable et résolu, intrépide et audacieux, il t'accompagne, vaillant et joyeux au son de la « Tonki ki [la] Tonki ki [la] Tonkinoise… ».

Le dernier Chiflet

11 juin 2021

Jean-Loup Chiflet est l'un des auteurs du siècle. Ne me demandez pas quel siècle. Les siècles sont arbitraires. Jean-Loup Chiflet se déplace d'un cocktail littéraire à l'autre dans des chaussettes excentriques, des pantalons rouges ou mauves ou violets et porte souvent un casque, car il voyage essentiellement en scooter.

Jean-Loup Chiflet écrit des livres. En réalité, il écrit généralement toujours le même livre, auquel il donne, à chaque fois, un titre différent, selon qu'il est édité par un éditeur ou un autre, pas assez regardant pour aller vérifier de près la concurrence. Parfois, le bouquin s'appelle le *Dictionnaire amoureux de l'humour*, quand il est édité par Plon, parfois le *Dictionnaire* s'intitule *Le Bouquin de l'humour*, quand c'est Bouquins qui le sort.

Jean-Loup Chiflet, très régulièrement, fait paraître de nouveaux livres aux titres inédits. Si, entrant dans une librairie, vous réclamez dès votre entrée le dernier Chiflet, puis que vous musardez un petit moment entre les rayonnages de la librairie, à la recherche d'un vieux Vialatte, d'un récent Nothomb, d'un Bobin méconnu, il est très probable qu'à la fin de la visite le dernier Chiflet qu'on vous a mis de côté ne soit plus exactement le dernier Chiflet, car, entre-temps, un tout nouveau Chiflet est sorti, plus amusant, plus cocasse encore que le précédent.

Jean-Loup Chiflet est un compilateur. Il est spécialiste des listes. Son livre *Magasin pittoresque de la littérature française* est essentiellement constitué de listes : la liste des adresses des écrivains, la liste des pseudonymes des poètes résistants, la liste des dernières phrases prononcées par des écrivains juste avant de mourir.

Le *Magasin pittoresque de la littérature française* est le meilleur moyen de briller en société. Il présente l'avantage de pouvoir faire son malin sans être tenu de se taper tous les grands chefs-d'œuvre de la littérature française.

Si vous êtes invité à dîner en ville, au moment des entrées, n'hésitez pas à interroger la maîtresse de maison : « Savez-vous que Marcel Proust habitait 9, boulevard Malesherbes, dans le 8e arrondissement de Paris ? »

Dès qu'on apporte le plat de résistance, évoquez justement Aragon, Éluard et Jean Tardieu, qui, dans les années de clandestinité, se firent appeler Jacques Destaing, Maurice Hervent, Daniel Thérésin.

Au dessert, juste avant de quitter la table, évoquez le mot de la fin d'Alfred de Musset, mort à quarante-sept ans : « Dormir… enfin ! Je vais dormir ! »

Jean-Loup Chiflet, archiviste fou, logographe compulsif, annotateur dérangé, ne se donne pas la peine d'écrire entièrement ses livres. Il recopie certaines pages tirées d'ouvrages de qualité.

Quelle heure est-il ? Il n'est plus temps de vous resservir un café, de vous confiturer une dernière tartine ou de vous laver les oreilles avec votre Coton-Tige désormais réutilisable et vendu au prix de neuf euros quatre-vingt-quinze l'unité, courez dans une librairie et commandez sans attendre le dernier Chiflet, en vérifiant qu'il s'agit bien du *Magasin pittoresque de la littérature française* !

Que seraient devenus les hommes s'ils n'avaient pas eu de père ?

18 juin 2021

Le 31 mai 1970, dans le journal *La Montagne*, Alexandre Vialatte philosophait sur la maternité : « Que seraient devenus les hommes s'ils n'avaient pas eu de mère ? L'humanité se composerait d'orphelins. Recueillis par l'assistance publique, ils se promèneraient par deux, le jeudi, en longues files sur des routes mouillées, sous la surveillance tatillonne d'une vieille sœur un peu moustachue… »

Deux jours avant la fête des Pères, tentons de réfléchir à la paternité, en nous demandant, en hommage déférent à Alexandre Vialatte, ce que seraient devenus les hommes, s'ils n'avaient pas eu de père.

Les hommes, sans doute, auraient un sentiment d'inachevé. Ils ignoreraient tout, devant le lavabo de la salle de bains, du bonheur d'être badigeonnés de savon à barbe les matins de joyeuse insouciance. Ils ne sauraient rien de l'océan qui sépare l'enfance de l'âge adulte, puisqu'ils n'auraient jamais tenté d'enfiler leurs pieds, beaucoup trop petits, dans des souliers à lacets, interminables et cirés. Ils n'auraient jamais connu le vertige délicieux d'être transportés sur des épaules rassurantes les jours de fête foraine, un ballon de baudruche à la main, qui aurait fini par éclater, suggérant l'éphémère de toute chose et la finitude de chaque vie.

Si les pères n'avaient pas existé, les hommes auraient méconnu les triomphes d'Anquetil, les chorégraphies brutales, sur l'écran noir et blanc, de Roger Delaporte et du Bourreau de Béthune, et les espoirs suscités par Mitterrand, « un président jeune pour une France moderne ». Si les pères n'avaient pas existé, les hommes regardant un film de Chaplin auraient été dans l'impossibilité de se souvenir des notes approximatives, sur l'harmonica Hohner, de *Deux Petits Chaussons*, le succès oublié d'André Claveau.

Mais, si les pères n'avaient pas existé, les mères n'auraient cependant jamais consenti à abandonner les hommes dans des orphelinats. Ainsi, dans un monde sans pères, les hommes auraient investi des pavillons de banlieue, auraient changé la bouteille de gaz, le filtre des aspirateurs et tondu la pelouse le samedi après-midi, sans même réclamer d'argent de poche. Les hommes, alors, auraient tenté de prendre la place des pères absents, en se laissant pousser le poil au menton, en développant parfois des colères prétendument viriles.

Non, les mères n'auraient jamais supporté l'image des hommes marchant en rang sur des routes accablantes, mouillés de pluie, mouillés de larmes, en casquette et boutons dorés.

Voilà pourquoi les papas de la fin juin sont traditionnellement moins fêtés que les mamans de la fin mai. Ils ne reçoivent une cravate que si le bouquet de fleurs de la fête des Mères n'a pas été trop imposant. Ils obtiennent, fin juin, un cendrier en coquillage peint, seulement si la grâce artistique n'a pas été épuisée par la fabrication, fin mai, d'un collier de nouilles.

Les notions de fête des Pères, de fête des Mères tendent aujourd'hui à s'embrouiller. Les familles se singularisent. On peut fêter ses deux parents le même jour, avoir deux pères, avoir deux mères… Un jour, peut-être, on ne distinguera plus la fête des Pères de celle des Mères, on souhaitera indifféremment la fête des Parents, considérant qu'à deux reprises dans l'année il n'est pas si exagéré de fêter la dévotion, le courage, l'amour de celles et ceux qui ont consacré les plus belles années de leur vie à des enfants impossibles à élever.

Et c'est ainsi que sont grands Allah, Jéhovah, Mahomet et le Bon Dieu des catholiques, en barbe blanche sur son vaporeux nuage.

Panne d'assesseur

25 juin 2021

Quand j'étais jeune, je vous parle de ça, Emmanuel Macron n'était pas né, les jours d'élections étaient des jours de fête. C'étaient des dimanches singuliers, on se mettait sur son trente et un, on se sentait important, on était content de donner son avis, on cherchait dans les bureaux de vote des yeux complices, des regards alliés, on tombait parfois sur des visages ennemis, des faciès rivaux. On vivait la journée comme on lit un polar. La fin du suspense n'arrivait que le soir, ravi ou déçu du dénouement, on repartait chez soi.

Mais les temps ont changé. Comment faire aujourd'hui pour mobiliser les électeurs français, qui jusque-là avaient pourtant la réputation d'être passionnés par la politique ?

Je n'en sais rien, ce n'est pas facile. Après des mois de confinement, il semblerait que les gens n'aient pas envie de s'enfermer dans un isoloir.

Pourtant les responsables politiques se donnent du mal pour passionner le débat, avec des coups de théâtre formidables, des gens réputés de gauche appelant à voter pour la droite, des répliques cinglantes dignes des meilleurs dialoguistes : « C'est de la trahison ! », « Commence par gagner une élection ! »

Rien n'y fait. Tout le monde s'en fout. La politique est un spectacle qu'on regarde à la téloche mais qui ne fait plus se déplacer personne.

Les bureaux de vote vides, peu d'électeurs et manque d'assesseurs. Qu'est-ce qu'un assesseur ? Une personne présente au moment de l'ouverture et de la clôture du scrutin et pendant le dépouillement. C'est la pierre angulaire d'une élection puisqu'on exige de lui qu'il sache lire et écrire, ce qui est recommandé quand on est électeur ou même candidat, mais pas obligatoire.

La solution pour recruter des assesseurs, c'est de les payer. Prime de trois cent cinquante euros à Marseille, trois cents euros seulement à Perpignan. À Cesson-Sévigné, près de Rennes, l'assesseur est payé à l'heure, vingt-deux euros. Il y a des jobs d'été plus lucratifs. À Melun, pour assurer la bonne tenue du scrutin et des dix-sept bureaux de vote de la ville-préfecture, on ne donne pas d'argent mais une prime à la vaccination. Les assesseurs peuvent bénéficier en priorité d'une première injection de vaccin ou d'une deuxième si le délai entre les deux injections est respecté. Excellente initiative. « En même temps », l'expression phare du macronisme n'a jamais été aussi appropriée. Peut-être aurait-on dû faire coïncider le premier tour avec la première injection et le second tour quelques semaines plus tard pour la deuxième injection.

Dans le temps jadis, quand j'étais jeune, je vous parle de ça, Emmanuel Macron n'était même pas encore à l'état de projet, les assesseurs étaient bénévoles. Chaque candidat désignant les siens parmi ses militants. Mais il n'y a plus de militants, il n'y a plus que des téléspectateurs. Une solution : recruter les assesseurs parmi le public des jeux télé, qui est assez complaisant pour venir faire gratuitement de la figuration ?

Mais la solution, si on ne veut pas seulement recruter parmi le troisième âge, c'est payer. Comme souvent, une juste rétribution permet de résoudre les problèmes. Payer les hommes politiques, c'est régulier. Payer les assesseurs, c'est autorisé.

Il faudra lors des prochaines élections envisager de payer les électeurs.

Pa enkyetew,
tout bagay ap antre nan plas yo :
« Ça va aller »

2 juillet 2021

Est-ce une fatigue de fin d'année, un besoin de vacances, une envie d'exotisme ou juste une promesse tenue ? Peut-être un peu tout ça, mais surtout le plaisir de laisser la parole à des enfants d'Haïti qui vivent dans un pays instable, en proie à la violence, à la corruption, à la misère. Des enfants d'Haïti nous envoient une carte postale, acheminée par l'association Partage, qui dans le monde entier vient en aide à l'enfance démunie. Une carte postale venue d'Haïti. Une carte postale qui dit que s'il ne fait pas toujours beau, il pourrait un jour faire meilleur…

Nou fyè paske n gen yon peyi kote lanmè ap fè konkou bote
ak lalin
Nou reve gen yon peyi kote manje p ap pase moun nan rizib
Nou ta renmen peyi nou an evolye tankou jenn tifi ki fenk
ap pouse tete
Pou tout zam dòmi, pou chanjman danse.
Nou fyè paske n gen yon peyi ki p ap janm soti nan lespri n

Nou reve gen yon peyi kote tout moun kapab viv nan gade dèyè
Nou ta renmen gen yon peyi ki sanble ak pòm vèt
Pou vag lanmè rete, pou zwazo vole
Nou fyè paske n gen yon peyi ki gen anpil sit touristik
Nou reve gen yon peyi kote bandi p ap deside sou lavi moun

Nou ta renmen Ayiti nou an vin pi bèl pase paradi
Nou fyè paske n gen yon peyi ki dous pase kenèp
Nou reve gen yon peyi kote pèsonn pa anvi pati
Nou ta renmen pou peyi n ri lamizè pou timoun fè lawouze tounen lespwa
Nou fyè paske n gen yon peyi ki pa pè cho
Ayiti cheri ou se pasan, nap pase nan ou kanmenm
Nou gen yon peyi kote dlo kokoye pi dous pase siwo
Ayiti doudou
Fanm lakay ou yo se zetwal
Yo redi lannwit yo travay lajounen
Nou reve gen yon peyi pwòp
Nou reve gen yon peyi ki gen lopital
Nou reve gen yon peyi kote moun jwenn tretman moun
Kote rivyè ak sous yo pap kriye pou fatra

Nou vle viv nan yon peyi kote tout moun ka twoke po
Nou reve yon peyi kote manje paliks
Nou anvi wè yon peyi san difikilte, san bandi, san grangou, san mechan
Ayiti nou genyen la a
Nou renmen l pou kenèp yo, mango yo, kachiman, zaboka ak kayimit yo

Frechè, lanmè, syèl ak lodè Ayiti se gwo mèvèy
Nou reve yon peyi kote solidarite se zouti ki ini nou
Nou fyè pou drapo nou an
Nou renmen koulè po nou an

Limanite ka espere pi gran si tout moun dakò enstale lanmou nan kè yo
Ayiti ka viv
Mond lan ka vi pi bon.
Pa enkyetew, tout bagay ap antre nan plas yo.

(Nous sommes fiers parce que nous avons un pays où s'envient la lune et la mer
Nous rêvons d'avoir un pays où la nourriture ne nous inquièterait pas
Nous aimerions que notre pays évolue comme une fille à peine en puberté
Pour que les armes dorment, pour que le changement danse
Nous sommes fiers parce que nous avons un pays qui restera toujours dans notre esprit
Nous rêvons d'avoir un pays où tout le monde pourrait vivre sans blocage
Nous aimerions avoir un pays qui ressemble à une pomme verte
Pour que les vagues restent, pour que les oiseaux volent
Nous sommes fiers parce que nous avons un pays avec beaucoup de sites touristiques

Nous rêvons d'avoir un pays où nos décideurs ne seraient pas des bandits
Nous aimerions que notre Haïti soit plus belle que le paradis
Nous sommes fiers d'avoir un pays plus doux que le quénèpe
Nous rêvons d'avoir un pays où tout le monde voudrait rester
Nous aimerions que notre pays combatte la misère, pour que les enfants transforment la rosée en espoir
Nous sommes fiers d'avoir un pays qui n'a pas peur des problèmes
Haïti chérie, tu es un carrefour, on te traversera quand même
Nous avons un pays où l'eau du cocotier est plus douce que le sirop
Haïti mon amour
Les femmes de chez toi sont des étoiles
Elles travaillent nuit et jour
Nous rêvons d'avoir un pays propre
Nos rêvons d'avoir un pays avec des hôpitaux
Nous rêvons d'avoir un pays où tout le monde serait bien traité
Un pays où les rivières et les sources ne pleureraient pas à cause des ordures
Nous voulons vivre dans un pays où tout le monde s'unirait
Nous rêvons d'un pays où la nourriture ne serait pas un luxe
Nous avons envie de voir un pays sans difficultés, sans bandits, sans faim, sans méchants
Cette Haïti que nous avons
Nous l'aimons pour ses quénèpes, ses mangues, ses cœurs-de-bœuf, ses avocats et ses pommes de lait

La fraîcheur, la mer, le ciel et l'odeur d'Haïti sont des merveilles
Nous rêvons d'un pays où la solidarité serait notre outil d'union
Nous sommes fiers de notre drapeau et
Nous aimons la couleur de notre peau

L'humanité peut espérer grandir si chacun accepte d'installer l'amour dans son cœur
Haïti peut vivre
Le monde peut devenir meilleur.
Ça va aller.)

Table

Composition : Utibi.
Achevé d'imprimer par Grafica Veneta S.p.A.
à Trebaseleghe (Pd), en septembre 2021.
Dépôt légal : octobre 2021.

ISBN 978-2-207-16431-0 / Imprimé en Italie.

399675